教育法律经典译丛

关于欺凌和网络欺凌的 25 个误解

25 MYTHS ABOUT
BULLYING AND CYBERBULLYING

[美] 伊丽莎白·K. 英格兰德　著

Elizabeth K. Englander

刘常庆　译

上海人民出版社

目录

目 录

序　言

你听说过"Momo 挑战"(Momo Challenge) 吗?

如果你错过的话,那无疑是幸运的。"Momo 挑战"是一种被广泛炒作的网络恐慌。它指的是,当任何孩子在访问任何网站时,屏幕上都会无缘无故地跳出一个非常可怕的角色,怂恿孩子伤害自己。这种喋喋不休的劝说令人恐惧,但只要你退后一步冷静思考,这个假设就有点奇怪了:当然,也许这个可怕的角色可以在任何网站上出现,但即使是一个健康、适应良好的孩子也可能接受"挑战",并最终自杀,真的会这样吗?

尽管一些媒体报道称,现实生活中的案例证实了这种挑战不可思议的力量,但实际结果却从未得到证实。最初披露的因"Momo 挑战"而自杀的几个案例似乎都有其他更为合理的解释。而且,无论如何,这些案例远非普遍现象。许多报道来自社交媒体而非主流新闻渠道。"Momo 挑战"可能只是一个骗局,也可能是真实存在的,但远没有描述的那么可

x 怕或那么广泛存在。但是，实际的网络恐慌的危害已经造成。无论真假，"Momo 挑战"已成了现代生活中的又一事件，似乎仅是为了把父母吓得魂飞魄散。

尽管我们拥有现代化的便利数字设备，但为人父母并不容易。我们面临着新形态的老问题，比如欺凌。我们也有全新的问题，对此我们没有经验可以借鉴，比如网络欺凌（和网络恐慌）。今天的家长并非无动于衷或漠不关心。然而，在我们努力减少欺凌和网络欺凌的过程中，有时感觉就像前进了两步，却又后退了一步。我们在减少欺凌和网络欺凌方面取得了一些进展，但同时也带来了其他问题。有时，你可能会觉得自己太专注于保护孩子，以至于他们无法拥有"正常"的童年。数字技术革新带来了新的复杂问题，最明显的就是数字通信和社交媒体的使用。今天的孩子的成长与过去几代人截然不同。

尽管这是一个充满挑战的时代，人类在解决顽疾方面却有着不俗的记录。想想看：在过去的几十年里，我们成功地减少了少女怀孕、暴力犯罪、文盲、辍学以及发达国家存在的许多其他问题。与这些问题一样，侵犯和欺凌也是顽疾，但不要误以为这是宿命论，我们也可以改善这些问题。事实上，我们已经取得了一些扎实的进展。我们中的许多人现在已经认识到欺凌和网络欺凌是一个多么严重的问题。

那么，我为什么要写这本书呢？如果我们不够细心，我们解决欺凌和网络欺凌问题的一些方法实际上会妨碍我们。虽然我们对欺凌和网络欺凌的关注无疑会帮助孩子们变得更加健康、攻击性更小，但这种关注也导致了大量的噪音、错误信息、误解以及家长和孩子们的焦虑。本书就是针对这些噪音和错误信息而写的。这些误解不仅不会带来好结果，反而会妨碍我们对减少欺凌和网络欺凌的努力。本书旨在帮助家长摒弃误解，更有效地引导孩子度过现代童年和青春期。

与我的其他著作一样，这本书的出版也需要全体人员共同的努力。从威利公司（Wiley）的编辑到马萨诸塞州减少攻击中心（Massachusetts Aggression Reduction Center）和布里奇沃特州立大学的工作人员，我得到了很多帮助和支持。特别感谢杰恩·法格诺里（Jayne Fargnoli）和梅丽莎·杜普希莉（Melissa Duphily）的支持。但是，我之所以能振翅凭风起，这风来自我的孩子们——乔希（Josh）、尼克（Nick）和马克斯（Max），以及我忠贞不渝的好丈夫迈克尔（Michael），他相信我，从不迟疑。爱你们所有人。

伊丽莎白·K. 英格兰德(Elizabeth K. Englander)

马萨诸塞州,波士顿市

2020 年

第1章

为什么要讨论误解而不是事实？

也许你正在寻找一个真正令人满意的关于欺凌的故事：或许是某人被恶毒地欺凌，但他无所畏惧地站了出来，用自己敏锐的聪明才智让欺凌者在公众面前感到羞愧而退缩；或许是某人在朋友的强力支持和钦佩赞誉的包围下，面对欺凌，除了极度自信的视而不见，什么也感觉不到的故事。尽管我个人在青少年时期就不相信这种故事，但这些的确是我们都想听到的故事，也是我们梦寐以求的故事。我认为，梦想英雄般地解决欺凌问题是很正常的，但有些事情不会因此而改变。然而，关于欺凌的情况确实发生了变化，而且变化很大。二十年前，如果有人说，到 2010 年女孩的欺凌行为将和男孩的侵犯行为一样成为公共卫生问题，我们可能会大笑不止。郊区学校的欺凌是大问题么？私立学校中的欺凌呢？宗教学校和教会学校中的欺凌呢？网络欺凌呢？

也许你的孩子曾经被欺凌过，或许你担心他们将会被欺凌。如今，欺凌有时仍会以传统的方式发生：例如，一个小男孩可能在游戏场地上被一个年纪稍长的男孩欺凌。它也可能以新的、令人困惑的方式发生：一个十几岁的女孩发现，她私下发给约会对象的一张裸露上身的照片被传遍了整个学校，给她带来了一场社交危机。你所读到的、看到的和听到的关于欺凌的内容可能会让你觉得熟悉，也可能让你感到完全陌生。事实上，欺凌这个社会问题一直存在，但也经历了巨大的变化。回到 20 世纪 90 年代初，预防暴力的重点几乎完全放在男孩和帮派暴力上，这是有道理的：当时的美国正处于可怕的暴力犯罪浪潮之中，美国人每天都要经受关于男性暴力的坏消息的冲击。1995 年，普林斯顿大学的约翰·迪乌里奥（John DiIulio）教授甚至创造了"超级掠食者"（superpredator）一词，来形容他所认为的完全冷酷无情、极具攻击性的这一代男性罪犯。[1]几乎没有研究人员曾预料到发生传统暴力犯罪的概率会急剧下降，而欺凌和网络欺凌会成为焦点问题。

其结果是，今天你在观看新闻节目或阅读新闻推送时，几乎无法不看到有关欺凌或网络欺凌的报道。今天，遍布我们媒体的麻烦不仅是新的，而且是令人吃惊的新的问题。孩子们欺负残疾同学、嘲笑他。学校禁止使用手机,却发现孩子们继续用 Fitbits 互相发短信。令人困惑的新问题、新论文、新观点和新建议层出不穷。然而,即使是如此大量,有时甚至是铺天盖地的信息也没有提供很多答案,比如该相信什么(网络欺凌真的很猖獗吗?),如何分辨什么是真正的问题(我儿子好像对网络游戏中蹦出的明显的辱骂性的言语视而不见),或者父母到底应该做什么(或不做什么,视情况而定)。你应该强迫你不愿再揭伤疤的孩子谈论被欺凌的情况吗?没收他们的手机会让情况变得更糟还是更好?学校说"告诉我们一切",但你的孩子却要求保密,现在该怎么办?当你的孩子是专家,而你是学生,如何帮助他们学会正确使用数字设备?如何让你的孩子不那么脆弱,变得更自信、更受欢迎?学校告诉你,你的孩子欺负了别人,但你的孩子却说自己才是受害者,另一个孩子的父母却说就是打架。现在该怎么办?

　　具有讽刺意味的是,人们对这些问题的高度关注很容易让人暗地里怀疑,欺凌只是当前流行的心理术语,而不是真正的困境。这种说法有一定的道理。看起来,"欺凌"一词几乎适用于任何伤害他人感情的情况。在 2018 年对 600 多名青少年进行的一项研究中,我发现 62% 认为自己被"欺凌"的孩子实际上是在用这个词来描述其他的问题,比如和朋友打架。和所有时髦的疾病一样,欺凌可能没有我们想象的那么

3

普遍。最近几年来，一些调查发现，欺凌现象的发生率不升反降。一项针对欧洲和北美 27 个国家的研究发现，大多数国家都报告称欺凌现象有所减少。英国、挪威、澳大利亚、西班牙和美国都发现，传统的欺凌现象越来越少。所有这些听起来都是好消息，但这些数字仍然可能是空洞的。对于那些遭受欺凌或被迫看着自己的孩子遭受欺凌的人来说，统计数字只是冰冷的安慰。

此外，无论总体趋势如何，当代形式多变的欺凌和网络欺凌仍然令人不安。也许你在三年级时曾被排除在聚会之外，但很难想象当你女儿的一张裸露上身的照片被传遍整个高中时，她会受到怎样的影响。当今，为人父母最困难的事情之一并不是社会残酷本身，而是知识鸿沟（特别是关于数字问题的鸿沟），以及令人不安的无以言表的人性残酷。无论欺凌问题减少了还是增加了，事实是，欺凌和网络欺凌仍然是家长和教育工作者最常提及的问题之一。2017 年的一项全美家长调查[2]发现，欺凌和网络欺凌仍是家长首要关注的问题。让我们明确一点：夸大危险具有破坏性，因为，这只会徒增焦虑。但是，忽视真正的社会问题同样毫无意义，无论这些问题是更常见、更不常见，本来就是新的或不同的，还是旧的冲突或问题的翻版。我认为，关键在于如何将事实与误解区分开来，从而找出真正的问题所在。

在国际上，为防止欺凌和网络欺凌已经做了大量的努力，动用了很多资源。如这里所述，加拿大、英国、澳大利亚及美国几乎所有的州都通过立法试图解决此问题。[3] 自2009 年以来，欧盟委员会持续与社交网络公司合作，以降低网络欺凌风险。在互联网上随便搜索一下，就能找到大量预防欺凌和网络欺凌的资源——从"自信训练"（Assertiveness Training）到"禅宗佛教"（Zen Buddhism），应有尽有。

　　然而，即使受到如此多的关注，欺凌和网络欺凌仍然顽固地存在，这在很大程度上是由欺凌和网络欺凌的多变性、情绪化和复杂性的特质造成的。解决办法远远落后于实际情况。互联网上充斥着各种善意的指导建议，但这并没有让理解导致、制止或对欺凌和网络欺凌重要的因素变得更容易。如果在谷歌上搜索"因为裸体照片而受到欺凌"，试图帮助你的未成年女儿应对这种危机，结果会出现匪夷所思的 1 250 万个网页。这简直是世界上最大的图书馆，书籍堆积如山，却没有特定顺序。如果你想在互联网上寻求欺凌和网络欺凌方面的帮助，这就是你要面对的问题。有时，新问题之所以难以处理，是因为我们没有足够的信息；有时，新问题之所以难以处理，是因为我们有太多的信息，而这些信息却很难找到、无法获取或类型不对。数据杂乱无章，大部分数据已经过时。而且，并非所有的欺凌都是一样的。如果你在寻找如何处理初中男生在玩电子游戏时发生的欺凌行为的建议，你可能会发现自己读到的是如何处理三年级男生在操场上发生的欺凌行为的建议，或者是如何避免十几岁的男生在食堂打架的建议。

即使你找到了与你所关心的问题类型完全相关的信息，大量的意见和建议也会给你带来另一种困惑。让我们设想这样一个场景：你四年级的女儿因为没有邀请一个广受欢迎的女孩参加她的生日聚会，而在学校和网络上成为众矢之的。不同的建议来源可能会提出完全矛盾的建议。你的女儿应该告诉学校工作人员，这样他们就能支持她；或者她不应该说，以免他们认为她是个爱抱怨的人，她的朋友们会给她贴上"告密者"的标签。她的朋友应该支持她，但也许是朋友在针对她。她不应该理睬欺负她的人，或者主动告诉欺负她的人她的感受。她在网上如何反应，该反应与她在学校的反应是否应不同？一种建议是保留所有信息或帖子作为证据；而另一种建议是忽略并立即删除它们。虽然按照传统，大多数父母都会向自己的父母寻求育儿建议，但对于这些新型问题，你却不能这样做。这意味着你失去了一个重要的育儿支持来源。

让事情变得更加困难的是，你自己的生活经验也可能会让你倾向于采取在这个日益变化的新环境中可能有效也可能无益的解决方案。作为一个 8 岁的孩子，你在玩网络游戏时可能不必面对刻薄的评论。但也许你在操场上遇到过被欺凌的情况，你打了欺负你的人，后来他决定不再欺负你。今天，这些经历能帮助你的孩子吗? 你还记得发生在你身上的事情对你的情绪影响很大，但这种策略还适用吗? 不可能有任何专家或学校会建议你还手，但不可否认的是，某些欺凌情况下，欺凌者会寻找手无寸铁的目标，当对方还手时，欺凌者也许就会寻找另一个目标。

　　所以，也许这对你有用。但对你的孩子仍然有用吗? 即使只是粗略地搜索一下，你也会很快发现，包括我在内的许多专家都不鼓励采用这种可能奏效的策略。这里的关键不在于是否要打回去，而在于你所得到的建议可能与你自己的经验（诚然，很有借鉴意义）相互矛盾。明确的解释会有所帮助，但并不总是存在，或者并不总是很清楚。（顺便说一句，我个人不建议打回去的原因是，在当前的环境下，这种策略很可能会适得其反。欺凌者可能做的第一件事就是去告诉一个权威人物他被打了，而现在有麻烦的还是被欺凌的那个人。不仅如此，欺凌者还可以很容易地在网上进行报复。）

　　面对自相矛盾、自己的经验不适用、缺乏传统育儿支持（你自己的父母），你很容易犹豫不决，最终无果而终。你自己的经验很重要，但也许它们仅在过去的世界里更有意义。一名专家给出了一种建议，另一名专家却给出了完全不同的建议。也许你的孩子打回去只会让整个情况更糟。反过来讲，如果他成功了，也许这次经历会极大地增强他的自信心。这种循环往复的争论发生在学术界固然很好，但在现实

6

生活中，面对危机，这种争论非但无助于问题的解决，反而会增加孩子的挫败感。

欺凌和网络欺凌当然不是育儿过程中唯一会出现大量意见分歧的领域，但这显然是一个挑战，因为这些问题往往完全出乎意料，让人感觉难以理解。其他会引起不同观点碰撞的育儿领域可能没有那么复杂或多变。你应该让孩子吃蔬菜吗？应该允许他们睡在你的床上吗？应该送他们去私立学校吗？应该让他们帮忙收拾厨房吗？即使是得到最广泛认同的问题，有时也会引起争论。大多数人都鼓励孩子与人分享，但一位妈妈曾问我："我为什么要让我的孩子与人分享？大人从来不必须与人分享东西。"[4] 对于所有类似的典型难题，你可能有答案，也可能没有，但至少你了解这些问题。不过，就欺凌而言，信息的泥潭让我们不清楚我们到底在谈论什么。什么是社会虐待？它可能是一个会简单过去的问题——但我们也被告知，它可能会留下永久的伤疤。2015 年一项对长期以来欺凌研究的回顾得出结论认为，欺凌会对被欺凌者的情绪、认知和人际关系产生负面影响。[5] 我们应该作何反应？在某些情况下，干预可能具有破坏性，但在另一情况下，干预则会有所帮助。在严重的情况下，不干预可能会导致严重的抑郁或问题，而在闪念间的事件中，你的孩子（或你自己！）可以学会挺身而出，自信百倍，如何区分这两种情况呢？如果你进行干预，你可能会削弱孩子正在形成的自

7

我保护能力；但如果你不干预，孩子可能会面临情感、社交甚至学业问题的风险。

　　围绕着欺凌和网络欺凌的误解助长了这些困境和挫折，这也是我在这里要解决的问题。我本可以讲述 25 个事实，但相反我要讨论的是 25 个常见的错误信息，它们可能会妨碍你清楚地理解和有效应对这些问题。一般来说，这些并不是我所谓的毫无意义的误解，比如认为欺凌者被恶魔附体。我们当前的关于欺凌和网络欺凌的误解曾经都是有用的信息，简单地说，在过去的十五年里，欺凌和网络欺凌发生了翻天覆地的变化，建议很难跟上时代的步伐。但掌握准确的信息非常重要。作为成年人，如果我们不能准确识别和应对欺凌和网络欺凌，就无法预防或干预它们。例如，如果你不知道哪种类型的心理欺凌或网络欺凌最常见，你就不知道该注意什么，当它发生时你可能无法识别，也就无法帮助孩子形成应对策略。

　　但仅有事实（或仅有误解）是不够的，原因有以下几点：第一，在现实生活中，虽然规则总是有明显的例外，但有时我们会混淆例外和规则。我们很难知道什么是常见的，什么是罕见的。举例来说，如今大多数欺凌行为都是心理上的，而不是身体上的。这一趋势是不可否认的——在我的研究中，88% 的欺凌事件都是心理性的。但这并不意味着每一个案例都是心理性的。如果你清楚地记得小时候曾遭受过身体上的欺凌，那么这种强烈的记忆会让你很难接受如今的欺

8　　凌大多不是身体上的欺凌这一事实。当你的孩子每天在学校被塞进储物柜时，你很难相信他的经历其实并不常见，也更难理解为什么这种情况会形成（的确，在这种情况下，它们可能并不重要）。关于欺凌和网络欺凌的事实并不是绝对的——它只是指导原则，但却是重要的指导原则，因为它们能帮助我们知道应该注意什么，以及发现时该如何应对。如果你在某处了解到"撕破衣服"是欺凌的一个显著迹象，那么你会发现很多事情你都没有注意到（因为语言欺凌和网络欺凌显然不会撕破任何人的衣服）。没有哪种类型的欺凌能占到 100% 的比例，但识别欺凌的最佳方法仍然是学会识别欺凌最有可能在哪里以及如何表现出来。归根结底，家长需要了解事实、经常发生的变化以及围绕这些问题的个人和情感经历。

　　第二，仅仅列举有关欺凌和网络欺凌的事实是不够的，因为这种方法忽略了一个现实，即这些行为有时与其他更具破坏性的结果（如严重的情感伤害，甚至死亡）相关联。欺凌会导致抑郁，甚至自杀吗？它会导致杀人行为吗？当某个事件（通常是新闻媒体报道的事件）似乎凸显了欺凌与灾难性后果之间可能存在的关联时，即使你掌握了事实，也很难摆脱"欺凌非常危险"的感觉。欺凌可能并不总是导致自杀，但如果你有一个抑郁、受欺凌的孩子时，这可能是你不愿忽视的风险（你也不应该忽视）。当风险很高时，即使是很小的概率，我们也会主动去关注。试想，总体而言，你死于车祸的可能性并不大，但即便如此，也没有人否认安全带的价值和重要性。

了解误解，因为误解最终会阻碍你的应对能力和帮助孩子学会应对的能力。认为灾难性的结果（如自杀）很常见（而事实并非如此），会引发盲目焦虑和恐惧。你太害怕自杀，可能会忽视孩子受到的欺凌。缺乏相关知识可能意味着使用错误的策略，或者根本不使用策略。也许你鼓励孩子打回去，结果他被学校停学了。不知道应该注意什么可能会导致过度联想（将不是欺凌的事情说成是欺凌）或准备不足（在发生欺凌或网络欺凌时没有发现）。

因此，在这本书中，我不会坚持绝对的"事实"立场（即它是真的或它不是真的），而是要看看欺凌和网络欺凌研究的最新趋势，以及界定25个最常见误解的复杂性。处理欺凌和网络欺凌问题的关键在于预防和策略，坦率地说，这并不总是一个百分之百可以解决的问题，因此还需要提高应对技能、社会支持和恢复能力。我们向孩子们提出的问题和作出的假设，对我们与孩子们讨论的策略以及他们最终取得的成功都有很大的影响。

我自己的观点有些独特。我是一名研究人员和教授，我三十年的研究和教学工作主要集中在欺凌、攻击和数字技术方面（这是一个有点奇怪，但实际上非常有用的组合）。同时，我也是一位家长，我不得不处理自己的孩子在社交中遭

9

受的残酷经历，以及任何一个有孩子的现代家庭所面对的使用数字技术带来的混乱、紧张和困难。作为母亲的经验告诉我，这个问题是多么具有挑战性和令人沮丧，我们是多么渴望得到一套快速、简单、无痛苦的解决方案。我知道看到孩子们受到伤害有多难受，也知道试图为他们解决一切问题有多诱人。但是，作为一名研究人员和教师，是我长期以来的职业志趣，以及我与北美和欧洲同事的关系，对我的观点起到了最有力的支撑作用。在考虑如何帮助孩子们解决这些问题时，我认为关键是要考虑到孩子们是如何成长的，以及数字技术究竟是如何影响人与人之间的交流和人际关系的。本书正是将这两个领域的知识并置在一起。如果你的期望是立即解决问题，那么你应该知道，解决这个问题不可能一蹴而就。但是，我们可以得到缓解。不是完美解决，而是缓解。

你可能会发现自己想坚持我在这里描述的一些误解。重要的是要记住，关于欺凌和网络欺凌的误解并不是幻想、虚构、愚蠢或毫无根据的。对于那些没有历史真凭实据的误解，我们很容易就会否定它：你应该知道地球不是平的，任凭你放眼望去一马平川，它也不是平的。但要摒弃那些曾经基本正确，但如今却不正确的信念或策略，则要困难得多。随着世界的进步和变化，上一代人一针见血的解释可能会变得完全错误，有时甚至令人沮丧。五十年前，只有高中文凭的美国人可以找到一份工作，维持中产阶级的生活方式。但在今天，如果说高中学历就能让你过上中产阶级的生活，那简直是天方夜谭。社会变化如此之快，这就是为什么关于欺凌和网络欺凌的误解可能是最难挑战的误解之一。让我们开始挑战吧。

参考文献

1. DiIulio Jr., J. J. (1995). Moral poverty：The coming of the super-predators should scare us into wanting to get to the root causes of crime a lot faster. *Chicago Tribune* （15 December），p.31.

2. C. S. Mott Children's Hospital. (2017). Mott Poll report：Bullying and inter-net safety are top health concerns for parents. https：//mottpoll.org/reports-surveys/bullying-and-internet-safety-are-top-health-concerns-parents.

3. Bully Police USA. (2017). www.bullypolice.org.

4. 我忍不住向她指出，成年人也分享很多很多东西——家、钱财、浴室、育儿策略、日常家务等。

5. Wolke, D. and Lereya, S. T. (2015). Long-term effects of bullying. *Archives of Disease in Childhood* 100 （9）：879—885. https：//doi.org/10.1136/archdischild-2014-306667.

第 2 章

误解 1　欺凌通常是指大孩子欺负小孩子

世界上最致命的动物不是鳄鱼或熊，而是蚊子。[1]这种顽固不化的小害虫通过携带疟疾、黄热病和其他血液传播疾病，比任何被激怒的熊更迅速、更高效地杀人。不过，我们不太可能听到关于疟疾暴发的小报新闻，而熊袭击几名徒步旅行者的事件更具戏剧性，也更容易成为新闻素材（即使从统计数字上看其致命性要低得多）。2016 年，许多新闻媒体都报道了蒙大拿州一名受人喜爱的林业局官员突然被熊咬死的悲惨故事。同年，仅在坦桑尼亚就有数千人死于疟疾。[2]

同样，严重的人身攻击和欺凌事件可能是最突出和最引人注目的，但真正影响我们大多数人的却是持续存在的当代"害虫"——心理欺凌。然而，直到最近，大多数研究人员和

14

教育工作者都在关注最明显、最容易发现的欺凌类型：发生在校园内的身体骚扰。甚至就在 2015 年，美国国家教育协会（National Education Association）列出的"欺凌迹象"中，第一条就是"衣服被撕破"，尽管有大量数据表明心理伤害占了上风。[3]

事实上，身体欺凌在很多时候都更容易解决，因为它简化并明确了成年人应该扮演的角色以及如何应对。尽管当欺凌是心理上的欺凌时，发现欺凌不总是一件简单的事，但发现身体上的欺凌并不难——因为有明显、具体的迹象。身体欺凌的复杂性相对较低，因此很容易成为我们关注的重点，而评估心理伤害的工作难度较大，我们很容易将其搁置一旁。

不过，重要的是要保持警惕。大量研究得出的压倒性结论是，21 世纪第三个十年发生的大多数欺凌行为都是心理性质的——或是口头的，或是人际关系的，或是通过数字技术的。[4]在我自己的一项研究中，我在我任教多年的大学里对数千名 18 岁的学生进行了调查，发现了完全相同的情况。我还对五万多名 8—18 岁的儿童进行了研究，结果也是如此。与报告受到人身攻击的儿童相比，报告受到心理欺凌伤害的儿童要多得多。心理欺凌似乎越来越流行，而身体欺凌的情形似乎在急剧减少。[5]身体欺凌虽然还没有完全消失，但与它那更隐蔽、更不明显，但可以说更具破坏性的表亲相比，它肯

定已经退居其次了。[6] 其他研究人员也注意到了同样的趋势。[7, 8, 9]

今天，大多数欺凌行为都是心理上的，这一事实可能体现了社会的重大变革，是我们教育孩子的方式、我们对攻击行为的容忍度以及数字技术的发展所带来的深刻变化的结果。在身体欺凌还占多数的年代，孩子的体型对是否成为被欺凌者有着切实的影响。1998 年，一项针对 3 岁儿童的研究发现，比同龄人高出至少半英寸的学龄前儿童在 11 岁时更有可能具有身体攻击性。[10] 用身体暴力攻击或威胁受害者会有一些迹象——其中最主要的是，当你使用身体欺凌时，你必须在远离成人的视线时实施。对于今天的欺凌者来说，躲避成人已经不是什么问题了。考虑到今天的孩子受到更严密的监管，离开大人的时间更少，而且普遍发现大人对侵犯行为的容忍度比以前低，这就很具有讽刺意味了。我认为，大多数现代父母（包括我自己）都赞同严密监管和减少侵犯行为。但是，这些积极的社会变革也有代价。虽然更多的监督和对攻击行为更少的容忍阻碍了身体上的欺凌，但它可能迫使欺凌者在社会权力角力中完善心理战术。校园版"权力的游戏"大行其道，不幸的是，心理攻击更为盛行。首先，他们可以通过使用微妙的行为和数字技术在成年人面前实施攻击，尽管数字技术有无数好处，但（必须承认）其助长了这类情况的发生。[11]

13

虽然心理战术占主导地位，但并不意味着它们都是一样的。孩子们实施的欺凌行为因其发生的环境不同而明显不同。在学校里，孩子们主要通过使用表达蔑视或轻蔑的心理行为来实施欺凌——例如，他们可能会忽视正在和他们说话的人、对某人发出恶意的笑声，或者在有人发表意见或回答问题错误时翻白眼。在研究中，我们称这些行为为"网关行为"（gateway behaviors），因为频繁而广泛地表达蔑视是通向更邪恶、更令人不快的社会氛围的"网关"。其中一种形式是（尤其是在女孩间）关系攻击，攻击者采取干扰友谊或破坏他人之间关系的方式，实施欺凌或伤害行为。[12] 在数字领域（在线游戏和社交媒体，或通过短信进行交流），心理欺凌可能以谩骂、威胁或当众羞辱为特征。数字欺凌可能是关系性或蔑视性的。不过，无论是在学校还是在网络上，最常见的一种卑劣和欺凌行为往往既是关系性的，也是蔑视性的：散布流言蜚语和谣言，这些流言蜚语和谣言可能是真的，也可能是假的，但会对友谊产生巨大影响。[在我的学生和马萨诸塞州减少攻击中心的同事工作的几乎每所学校里，流言蜚语和谣言都扮演着重要的角色，让学生们的生活变得艰难（他们自己也承认）。]减少流言蜚语的主要挑战在于（坦率地说）它的自我强迫性。事实就是，说闲话很有趣。这使得它难以抵制，也难以压制。

所有这些网关行为、关系攻击和数字刻薄，在童年和青

14

少年时期都比较常见。但请注意（这一点很重要！）：

> 我并不是说每一个谣言或每一个蔑视行为都一定构
> 成欺凌。

更多的时候，孩子们使用网关行为只是为了表示恶意
（也许并没有经过深思熟虑）、炫耀，或者是因为两个孩子
正在争吵或怄气。换句话说，欺凌只是孩子们使用这些行为
的一个原因。把每次翻白眼都说成是欺凌行为未免太过分
了。但如果说翻白眼是让欺凌行为的受害者感到难受的一种
方式，也是让他们继续遭受残酷对待的一种方式，那就不过
分了。如果只是零星或孤立地使用网关行为，伤害可能是短
暂的。但是，如果这些行为被用作持续性活动的一部分，使
他人的生活痛苦不堪，其影响往往要强烈得多。

　　让我感到有趣的一个挑战是，作为一个社会，我们在网
关行为和关系攻击方面是多么的两面派。一方面，一般来
说，我们的社会规则规定我们不应该使用公开行为来蔑视他
人。我们受到的教导是不要在别人面前与某个人说悄悄话，
不要在被介绍给别人时做鬼脸，不要刻薄地骂别人（至少不
要当着他的面）。但在实际生活中，我们有时会容忍这些尖
酸刻薄的行为——尤其是，但不限于，当这些行为被孩子们
使用时。因此，尽管我们可能会急于纠正一个大声说"你是

15

个白痴"的孩子，但当同一个孩子翻白眼时，我们可能什么也不会做，尽管这个动作本质上是用非语言方式表达了同样的意思。尽管我不知道有什么数据可以支持这一点，但我认为可以提出这样一个论点：我们对孩子的这些粗鲁行为变得更加容忍——也许，我们更倾向于将粗鲁行为归咎于"青春期"或"只是个孩子"，从而为其开脱，并且不太可能去纠正它。也许我们有时会认为这些社会规则是肤浅的、武断的或毫无意义的。如果我们认为别人是愚蠢的，为什么我们不告诉他们呢？然而，当我们摒弃了社会文明的指导方针时，其结果可能是一种令人不快，甚至是伤害性的心理氛围。我认为，即使你不欣赏某个人，也要表现得彬彬有礼，这是一种重要的社会机制，是为了保持社会的和谐而进化而来的。它让每个人都感到更轻松、更满足，而不仅仅是（所谓的）"假"礼貌。与此相反，对你不欣赏的人表现出蔑视，会让所有旁观者感到不舒服，同样，不舒服的不仅仅是目标对象。如果不礼貌的行为被当作勇气或诚实来赞美，其他人可能会决定采取网关行为或关系攻击。这些行为会影响环境中的每一个人（不仅仅是受害者），这是我们所有人都需要牢记的基本事实。你可能听说过，预防欺凌的关键在于"改善环境"。这就是它的含义。

但是，社交问题并不仅仅在于一种行为是否会造成伤害，还在于它的伤害程度。按理说，心理攻击不会像身体攻击的伤害那么大。我们都记得"棍棒和石头可以打断我的骨头，但语言永远不会伤害我 (sticks and stones can break my bones, but words will never hurt me)"这句谚语。但实际上，数据表明事实恰恰相反（也许这句谚语只是一厢情愿）。证实上述言论的方法之一是评估网络欺凌的伤害程度（因为网络欺凌完全是心理上的）。在 2013—2014 学年，我对 421 名青少年进行了这一主题的研究。在许多其他问题中，我也询问了他们是否在网上、学校、在两个地方都受到过同伴攻击或在两个地方都没有受到过攻击。与当面受到攻击的学生相比，在网上（或同时在网上和学校）成为攻击目标的学生报告说，他们受到的情绪影响要大得多。这可能看起来很荒谬——屏幕上的文字怎么会如此伤人？我曾经写过一篇论文，题目就叫《把这该死的东西关掉吧》。(Just Turn the Darn Thing Off) [13]这个问题其实是一个更大问题的一部分：心理攻击怎么会比身体攻击更伤人？

但实际上，有充分的理由说明为什么心理攻击会造成更大的伤害。首先，心理攻击可能比身体攻击更持久。心理攻击可能会持续不断，而且往往会从学校蔓延到网络空间，甚至延续至将来。[14]其次，由于心理攻击往往可以通过数字手段、网关行为或关系攻击在他人面前进行，因此心理攻击可能会更加公开。这种公开性可能是欺凌和网络欺凌造成创伤的关键因素，不幸的是，青春期心理往往会加剧这种创伤。

在青春期，男孩和女孩都有一种明显的感觉，那就是整个世界都在注视着他们，对他们无限关注。心理学家将这种效应称为"假想观众"——感觉自己一直在舞台上，被其他人仔细端详。这有助于解释为什么你家的青少年可能会因为脸上的一个小痘痘而拒绝上学。成年人可能会认为，一个小瑕疵并不太会引起他人注意，但对于感觉自己一直在被严格审视的青少年来说，即使是一个小小瑕疵也会被认为是非常引人注目的。这一切都让青少年很难摆脱任何公众事件。

这种认知倾向加上数字交流的动态性，实际上会加剧青少年负面交往的影响。在网上，更广泛的同龄人圈子可以参与讨论或对话（实时或延迟）。这可能而且通常非常吸引人。但不利的一面是，所有负面的东西也都是公开的。在我的一项研究中，我问青少年，一个数字谣言需要多长时间才能在学校里传遍 100 个孩子，大多数人的回答是只需要 15 分钟或更短时间。如果一个朋友对你发火，并试图在商场当场羞辱你，那最多也只会有几个目击者。但在网上，目击者的数量感觉是无穷无尽的——因此，攻击造成的潜在羞辱感更强。因此，尽管网络欺凌可能只是心理上的，但会让人非常痛苦。这种人人都知道你受辱的感觉，是理解心理欺凌为何会造成如此严重创伤的关键所在。

现实中，我们无法完全改变青少年过度关注自己的倾向。但是，我们可以牢记心理攻击会给人带来多大的伤害，

17

尤其是在青少年时期，我们可以提醒孩子们，其他大多数青少年对自己更感兴趣。具有讽刺意味的是，青少年会因为谣言或负面事件而感到羞辱，并确信每个人都在关注他们的耻辱，而事实上，大多数青少年关注的仅仅是他们自己在别人眼中的形象。有时，从长计议可以帮助孩子们应对眼前的创伤。

应对之道:误解 1　欺凌通常是指大孩子欺负小孩子

实际情况:大多数欺凌都是心理上的。

虽然家长们不应该总是对欺凌和网络欺凌疑神疑鬼，但最好还是关注一下孩子们在社交方面的表现，以及他们对朋友和同伴的感受。千万不要因为没有看到明显的迹象，如瘀伤，就认为一切都会好起来。困难在于如何与孩子谈论这些问题。以下是一些开始这些对话的简单方法：

1. 利用你在新闻或社区中听到的故事。如果有一个关于欺凌或另一个孩子成为受害者的故事，可以利用这个故事询问孩子自己的经历。他们认为新闻报道夸张了吗？是否准确？他们是否看到、了解或经历过欺凌行为？

2. 询问孩子学校提供哪些课程，并询问他们对这些课程的严肃看法。它们愚蠢吗？无聊吗？是否没有抓

18

住重点？是否有好的想法借鉴，或者是他们以前没有考虑过的新概念？

3. 告诉你的孩子，成人对数字设备以及孩子如何使用数字设备有很多焦虑。询问他们对这种焦虑的看法，并询问孩子们是否有时也会感到焦虑。他们最喜欢哪些应用程序，它们有什么好玩的？如果要给弟弟妹妹或一般年幼的孩子提建议，会说什么，应该教年幼的孩子什么？

注意：这些对话的目的不是让孩子们第一次就知道答案。你的目标其实很简单：让孩子知道你对这些问题感兴趣，而且，你对他们的意见和想法也感兴趣。如果一开始被拒绝，也不要担心。征求他们的意见，真心诚意地征求意见。这是一种很少有谈话对象能够完全抵制的策略。

参考文献

1. Ronca, D. (2008). Which animals kill the most people in the wild? HowStuffWorks.com. http：//adventure.howstuffworks.com/dangerousanimals1.htm (accessed 11 July 2014).

2. World Health Organization. (2014). Atlas of African Health Statistics. https：//www.humanitarianresponse.info/

sites/www. humanitarianresponse. info/files/documents/files/
AFRO-Statistical_Factsheet.pdf.

3. National Education Association. Parents' role in
bullying and intervention. http: //www.nea.org/home/56805.
htm (accessed 11 July 2014).

4. Kowalski, R. M., Giumetti, G. W., Schroeder,
A. N. et al. (2014). Bullying in the digital age: a critical
review and meta-analysis of cyberbullying research among
youth. *Psychological Bulletin* 140 (4) : 1073—1137. https: //
doi.org/10.1037/a0035618.

5. Finkelhor, D., Turner, H., Ormrod, R. et al.
(2010). Trends in childhood violence and abuse exposure:
evidence from 2 national surveys. *Archives of Pediatrics &
Adolescent Medicine* 164 (3) : 238—242. https: //doi.org/10.
1001/archpediatrics.2009.283.

6. Englander, E. (2013). *Bullying and Cyberbullying:
What Every Educator Needs to Know*. Cambridge, Mass:
Harvard Education Press.

7. Coulter, R., Kessel, S., Schneider, S. et al.
(2012). Cyberbullying, school bullying, and psychological
distress: a regional census of high school students. *American
Journal of Public Health* 102 (1) : 171—177, http: //ajph.

aphapublications.org/cgi/content/abstract/AJPH.2011.300308v1.

8. Ando, M. (2005). Psychosocial influences on physical, verbal, and indirect bullying among Japanese early adolescents. *The Journal of Early Adolescence* 25 (3): 268—297. https://doi.org/10.1177/0272431605276933.

9. Coyne, S. M., Linder, J., Nelson, D. et al. (2012). "Frenemies, Fraitors, and Mean-Em-Aitors": priming effects of viewing physical and relational aggression in the media on women. *Aggressive Behavior* 38 (2): 141—149. https://doi.org/10.1002/ab.21410.

10. Raine, A., Reynolds, C., Venables, P. et al. (1998). Fearlessness, stimulation-seeking, and large body size at age 3 years as early predispositions to childhood aggression at age 11 years. *Archives of General Psychiatry* 55 (8): 745. https://doi.org/10.1001/archpsyc.55.8.745.

11. 也许现在正是警示提醒的好时机，即我并不反对数字技术及其使用；尽管互联网让我们付出了代价，但我相信互联网在许多方面极大地改善了现代生活；我们的孩子将永远是技术的重度用户，他们需要学习和实践如何使用数字技术，也包括何时以及如何不使用数字技术。

12. Wang, J., Iannotti, R., and Nansel, T. (2009). School bullying among adolescents in the United States:

physical, verbal, relational, and cyber. *Journal of Adolescent Health* 45 (4)，368—375. https；//doi.org/10.1016/j. jadohealth.2009.03.021.

13. Englander, E. and Muldowney, A. (2007). Just turn the darn thing off；understanding cyberbullying. In；*Proceedings of Persistently Safe Schools*；*The 2007 National Conference on Safe Schools* (ed. D. L. White, B. C. Glenn, and A. Wimes), 83—92. Washington, DC；Hamilton Fish Institute, The George Washington University.

14. Schneider, S. K., O'Donnell, L., Stueve, A., and Coulter, R. W. S. (2012). Cyberbullying, school bullying, and psychological distress；a regional census of high school students. *Am J Public Health* 102 (1)，171—177.

第 3 章

误解 2 欺凌会导致自杀或他杀

＊＊警告＊＊

许多家长担心欺凌会导致暴力或自杀，这是可以理解的。因为这是一个复杂的问题，我要花点时间和篇幅来详细解释一下。

让我们从我们所知道的和我们是如何知道的开始。

显然，有些疾病有明确而简单的病因。在这种情况下，我们会知道是 A 导致了 B。每个麻疹病人的体内都有麻疹病毒，因此，我们知道麻疹病毒会导致麻疹。但就人类行为而言，这种简单明了的相互关系并不常见。在心理学中，大多数时候我们谈论的是促成行为或使行为更有可能发生的因素，而不是直接导致行为的起因。

22   不过，大众媒体更喜欢简单的关系。标题行文中"欺凌
也许会导致自杀……"（BULLYING CONTRIBUGTES TO
SUICIDE ... MAYBE）绝没有"欺凌导致自杀！"（BULLYING
VICTIM DRIVEN TO SUICIDE!）来得有力。一言以蔽
之，关于欺凌和网络欺凌与杀人或自杀的关系是有科学依据
的。但大众媒体的报道似乎常常夸大了我们对这种关系的简
单性、强度和一致性的认识。豪尔赫·斯拉布施泰因博士
（Dr. Jorge Srabstein）进行了一项非常有趣的研究，关于现
代媒体是如何报道欺凌伤害和死亡的。[1] 他梳理了南北美洲
的新闻报道，发现新闻媒体对欺凌事件的描述明显偏向于最
严重的案例。事实上，只有极少数真实的欺凌案件与死亡有
关，但新闻报道中出现的案件中有 43% 涉及死亡。其中，约
一半涉及自杀，一半涉及他杀。媒体不遗余力地关注更严重
的侵害行为和结果，不太可能是故意误导大众，但它仍然给
公众留下了与欺凌和网络欺凌相关的风险的片面印象。

　　1999 年，科罗拉多州利特尔顿的哥伦拜恩高中（Columbine
High School）发生校园枪击案，这是最早将欺凌与杀人联系
在一起的重大媒体报道之一。枪击案发生后，美国特勤局对
20 世纪 90 年代发生的校园枪击案进行了研究。该研究得出
结论，欺凌是校园枪击案凶手背景中的一个常见因素，尽管
并非普遍现象。在这些杀人的孩子中，71% 的人认为自己曾
是欺凌或骚扰的受害者。[2] 这些数据激起了人们的恐惧，担心

欺凌会把正常的孩子变成冷血杀手。特勤局的研究确实考察了校园枪手是否看起来相对正常，但是，研究并没有从精神病理学角度进行探究，而是只检查了最一般的功能性指标，比如枪手的成绩。研究并没有在这些有暴力倾向的学生身上发现任何精神疾病或功能严重受损的迹象。大多数成为枪手的孩子都能通过他们的课程，有些甚至学习成绩优异。但在社交方面，却出现相对严重的问题。半数以上的枪手都有社交问题迹象，他们要么是不受欢迎的学生群体中的一员，是"独行侠"，要么遭遇社会排斥，即使是社交问题也不是普遍存在的。许多校园枪手都有社交问题，许多人可能受到过欺凌，但并非所有人都这样。

23

这项研究和其他研究得出的理论是，欺凌和社交问题可能是增加杀人行为可能性的一个因素。欺凌在校园枪手中更为常见，但在校园枪手的经历中并不总是存在这种情况。顺便说一句，这正是我们无法准确预测人类暴力行为的一个完美例子。虽然我们确实知道某些风险因素（如社交问题和欺凌）会增加暴力倾向的概率，但并不是所有暴力倾向的人都有社交问题或被欺凌的经历。还有很多人虽然被欺凌或有社交问题，但根本不会变得有暴力倾向。欺凌是风险因素，但不是直接原因。[3]我们不清楚的是，为什么在某些情况下，欺凌与暴力有关，而在另外一些情况下却与暴力无关。这是令人不安的，但事实是没有确切的药方。

　　受欺凌者的自杀风险受到了更多关注。根据你所看到或阅读的内容，你可能会对这个问题留下不同的印象。卡尔·沃克-胡佛（Carl Walker-Hoover）和菲比·普林斯（Phoebe Prince）分别是马萨诸塞州 11 岁和 16 岁的欺凌受害者，他们的自杀事件在 2009 年和 2010 年引发了媒体的报道风暴。在他们死后的那场媒体海啸中，人们对自杀、欺凌和网络欺凌之间可能存在的关系进行了大量争论。阅读这些和其他有关青少年自杀的新闻报道，任何人都会得出这样的结论：自杀不仅与欺凌有关，而且与欺凌密切相关，一个快乐的孩子可能在受到欺凌或网络欺凌后突然决定自杀，哪怕可能只是轻微的欺凌。更权威的声音也强调了这种关系的可能性。《今日医学新闻》（Medical News Today）将欺凌与自杀行为之间的联系描述为"密切相关"，[4]英国的一项研究报告称，超过三分之一的受欺凌青少年有自杀倾向。[5]

24　　但退一步讲，你会发现相关情况并不那么明朗。虽然有些故事表明两者之间存在密切关系，但研究人员持续发现，欺凌、网络欺凌与自杀之间的关系更加松散、微妙。欺凌和网络欺凌似乎确实与自杀有关，但这种关系的性质可能是间接的，并受到其他因素的影响。例如，很难将欺凌与抑郁和其他情绪问题在导致自杀方面的作用区分开来。即使没有抑郁等其他问题，欺凌或网络欺凌也会导致自杀吗？我们可能会认为"欺凌→抑郁→自杀"是一个公式，但在很多情况

下，这个简单的公式其实并不合适。例如，如果孩子在情感
和社交方面都非常健康，欺凌最终会导致自杀吗？如果一个
孩子在被欺凌之前就已经抑郁并可能有自杀倾向呢？欺凌会
不会只是另一个问题，甚至是与他们之前的抑郁或自杀相比
微不足道的事情？为什么有些抑郁和受欺凌的孩子会自杀，
而有些则不会？

2010 年，对现有研究的回顾发现，大多数将自杀与欺
凌联系在一起的研究要么没有考虑抑郁或精神病理学因
素，要么即使考虑了，也发现这些情绪障碍可以解释欺凌
与自杀之间的关系。[6]换句话说，这些研究发现，抑郁比欺
凌本身对自杀的影响更大。尽管如此，该领域的大部分研
究都是在同一时间点对自杀倾向和欺凌行为进行测量，这
告诉我们这些因素是相关的，但并没有给我们提供太多关
于什么原因导致什么结果的信息。这可能看起来很愚蠢——
欺凌会导致抑郁，而抑郁又会导致自杀，这似乎是显而易
见的。但我可以想象这样一种情况：例如，抑郁症会导致
孩子考虑自杀，同时也会导致他们欺凌他人或被欺凌。在
这种情况下，抑郁症将成为参与欺凌和自杀的根本原因。
我还可以想象这样一种情况：欺凌与其他压力因素结合在
一起，导致抑郁和自杀。

在把这一切复杂化之后，我们确实知道一些确切的事
情。我们知道抑郁症会导致自杀。不难看出，多重压力的叠

25

加会增加自杀的概率。菲比·普林斯就曾因抑郁而自残，之后她的同龄人又对她进行了更多的欺凌。[7]不过，更不清楚的是，欺凌本身是否会导致没有抑郁症的孩子自杀。或许，欺凌行为在发生时可能与抑郁症无关，但会使人在以后的生活中更容易患上抑郁症。从受欺凌到自杀的路径甚至可能因性别而异。芬兰的一项研究发现，对于女孩来说，无论是否患有抑郁症，经常（而非一次）遭受欺凌都会增加日后的自杀率；但对于男孩来说，仅仅成为受害者与日后的自杀率并无关系，除非该男孩同时也是一名欺凌者（通常被称为欺凌者/受害者），并且患有行为障碍，在这种情况下，日后自杀的风险会显著增加。[8]

这些有什么特别意义呢？我们可以肯定地说，欺凌有时可能会增加产生自杀想法或采取自杀行动的风险，尤其是在女孩身上，特别是在同时存在抑郁、欺凌他人或心理障碍等其他问题的情况下。但同样重要的是，欺凌和网络欺凌并不会简单地导致每个人，甚至大多数人出现自杀倾向。男孩和女孩似乎有不同的脆弱之处。但是，对于知道自己的孩子曾被欺凌（或正在被欺凌）并担心其可能自杀的家长来说，有谁知道这又如何转化为风险呢？在这种情况下，我往往会听到两个大问题。

3.1 问题1：受欺负会导致孩子开始考虑自杀吗？

自杀的想法被称为自杀意念（suicidal ideation），自杀意念并不一定会导致真正的自杀，但它是一个非常重要和严肃的风险因素。任何萌生自杀意念的孩子，无论他们是否受到过欺凌或欺凌他人，都应立即带他们去看专业医生。许多研究发现，尤其是女孩，即使没有抑郁症，被欺负也会增加萌生自杀意念的概率。[9] 因此，答案是肯定的：被欺负有时与萌生自杀意念有关，但重要的是要记住，萌生自杀意念和企图自杀是两码事。自杀意念是一种紧急症状，需要进行专业评估，而企图自杀则属于医疗紧急状况——这就引出了我们的第二个问题。

26

3.2 问题2：父母什么时候最应担心欺凌导致自杀想法或行为？

很显然，我们不能预知所有的风险因素，但我们可以关注我们所知道的风险因素。研究表明，当孩子已经或开始与其他情绪障碍、行为问题或任何其他类型的创伤作斗争时，风险最大。因此，如果孩子有行为障碍、抑郁症或自杀倾向，就应该对他们是否也受到欺凌进行评估。如果他们正在与其他类型的创伤或压力作斗争，如药物滥用、重要人物死亡或患重病、家庭变故（如离婚、虐待儿童、被学校开除等），也应接受治疗。有些孩子比其他孩子更脆弱：例如，性少数群体（LGBTQ）儿童可能是社会排斥的长期受害者，因此，可能需要更多的关注和照顾。总之，底线是父母需要了解抑郁症的征兆，并在孩子身上寻找这些征兆。如果他们意识到自己的孩子受到欺凌或可能特别脆弱，他们可能需要特别仔细地观察。

这两个问题是我听到最多的问题，但并不是唯二的问题。例如，也许在某个年龄段受到欺凌比在另一个年龄段受到欺凌与自杀的关系更为密切。目前，研究人员通常不会对不同年龄段的儿童进行比较，因此，还没有形成真正的共识，不过一般来说，当儿童开始进入青春期时，自杀的风险就会增加。[10]涉及网络欺凌的心理影响，又会引起另一个问题。一些研究发现，相对于传统的欺凌行为，网络欺凌可能与自杀倾向有更为密切的关系[11, 12]（不过，正如你将在以后章节中所读到的，如今将这两种欺凌行为区分开来，已经没有多大意义）。最后，我们如何判断儿童和青少年是否真的患有抑郁症？最好的方法是经常与孩子见面、交谈和相处，这样你就更容易注意到他们情绪或行为的变化。遗憾的是，

27

我已经讲过，目前还没有绝对可靠的判断指标。当你不确定时，请咨询专业人士。可以从儿科医生或家庭医生那里开始。

应对之道：误解 2　欺凌会导致自杀或他杀

实际情况：这种关系既不简单也不直接。

如果你的孩子不愿意与你谈论他们的社交问题或感受，该怎么办？你不能强迫一个人向你透露他的私人想法，惩罚他不说话只会把他推得更远。而以身作则地谈论社交关系和感受可以向孩子表明，你对他们的社交生活和感受很感兴趣。因此，要抓住机会开始对话。当孩子的朋友路过时，你可以对孩子说："很高兴再次见到亨利，你们俩还像以前一样是好朋友吗？"如果得到的只是耸耸肩或咕哝一声，也不要太在意。这类对话是为长期交谈而设计的。你的目的不仅仅是获取信息，而是要表现出真正的兴趣，并鼓励孩子在遇到困难时向你倾诉，因为，这是帮助我们所有人应对困难的关键策略。一段时间后，你可能会开始听到一些针对你感兴趣的问题的真正答案。

与孩子交谈，并鼓励他们与你交谈，既能让你的努力得到回报，又能让你在孩子出现严重问题时被及时发现。许多孩子（尤其是青少年）并不愿意与父母谈论这些问题，

28

但许多孩子在父母的温和鼓励下最终会作出回应。也不要忘记，你不是一个人在战斗。孩子受到鼓励，也会与其他人交谈，如儿科医生、老师、成年亲属等。

在交谈时，倾听孩子是否有抑郁或绝望的倾向或迹象。如果有任何令你震惊或担忧的情况，请咨询儿科医生或家庭医生，以便进行评估和寻求帮助。

参考文献

1. Srabstein, J. C. (2013). News reports of bullying-related fatal and nonfatal injuries in the Americas. *Revista Panamericana De Salud Pública = Pan American Journal of Public Health* 33 (5)：378—382.

2. Fein, R., Reddy, M., Borum, R. et al. (2002). *The Final Report and Findings of the Safe School Initiative：Implications for the Prevention of School Attacks in the United States*. Washington, DC： U. S. Secret Service. https：//www2.ed.gov/admins/lead/safety/preventingattacksreport.pdf.

3. 风险因素是指在不一定是直接原因的情况下增加患病风险的因素。例如，不系安全带是车祸死亡的风险因素。安全带与车祸没有必然联系，但从统计数据来看，如果车祸真的发生，不系安全带会带来更糟糕的后果。

4. Nordqvist, C. (2013). Strong link between bullying and suicide. *Medical News Today* (June 19). http: //www. medicalnewstoday.com/articles/262150.php.

5. Ditch the Label. (2018). Annual bullying survey. https: //www. ditchthelabel.org/research-papers/the-annual-bullying-survey-2018 (accessed November 22, 2019).

6. Klomek, A. B., Sourander, A., and Gould, M. (2010). The association of suicide and bullying in childhood to young adulthood: a review of cross-sectional and longitudinal research findings. *Canadian Journal of Psychiatry. Revue Canadienne De Psychiatrie* 55 (5) : 282—288.

7. Bazelon, E. (2010).The untold story of her suicide and the role of the kids who have been criminally charged for it. *Slate Magazine* (July 21). https: //slate.com/human-interest/2010/07/what-really-happened-to-phoebe-prince-the-untold-story-of-her-suicide-and-the-role-of-the-kids-who-have-been-criminally-charged-for-it-1.html.

8. Klomek, A. B., Sourander, A., Niemela, S. et al. (2009). Childhood bullying behaviors as a risk for suicide attempts and completed suicides: a population-based birth

cohort study. *Journal of the American Academy of Child & Adolescent Psychiatry* 48 (3) : 254—261. https: //doi.org/ 10.1097/CHI.0b013e318196b91f.

9. Kaminski, J. W. and Fang, X. (2009). Victimization by peers and adolescent suicide in three US samples. *The Journal of Pediatrics* 155 (5) : 683—688. https: //doi.org/ 10.1016/j.jpeds.2009.04.061.

10. Klomek, A. B., Sourander, A., and Gould, M. (2010). The association of suicide and bullying in childhood to young adulthood: a review of cross-sectional and longitudinal research findings. *Canadian Journal of Psychiatry. Revue Canadienne De Psychiatrie* 55 (5) : 282—288.

11. van Geel, M., Vedder, P., and Tanilon, J. (2014). Relationship between peer victimization, cyberbullying, and suicide in children and adolescents: a meta-analysis. *JAMA Pediatrics* 168 (5) : 435—442. https: //doi.org/10. 1001/jamapediatrics.2013.4143.

12. Hinduja, S. and Patchin, J. W. (2010). Bullying, cyberbullying, and suicide. *Archives of Suicide Research* 14 (3) : 206—221. https: //doi.org/10.1080/13811118.2010. 494133.

第 4 章

误解 3　欺凌是童年的正常现象

"我抓到了一些微妙的线索，我的女朋友在和别人约会。于是，有一天，我从她的办公室开始跟踪她，你知道吗？她还在上夜校，想找到一份更好的工作。我觉得自己真是个失败者。"[1]

在大多数情况下，很多行为和情感都是正常的，甚至是有益的。但如果太过分，同样的行为和情感就会造成严重的关系问题。嫉妒就是一个很好的例子。每个人都或多或少有过嫉妒的情绪。它可能会让人感到不快，但即使是心理正常、适应良好的人也会有这种情绪。[2]尽管它几乎是普遍存在的，但在极端的情况下，它可能会变成病态。当你的配偶与别人调情时，你吃醋是正常的；但当配偶要求加油站的服务

32 员给车加 10 加仑油时，你也吃醋，那就不正常了。正常的嫉
妒可以达到有用的目的：它可以提醒某人关系中潜在的威
胁。有时，如果每个人都知道发生了什么，就可以避免这种
威胁，从而挽救这段关系。吃醋并不是一件有趣的事，但它
的确可以是帮助夫妻维系感情的一种机制。

孩子之间的不友善行为也与此类似。虽然童年时期同伴
间的残忍行为总是令人不快，而且常常令人心烦意乱，但根
据具体情况和问题的严重程度，它既可以是有益的，也可以
是有害的。在较低的水平上，孩子之间偶尔的、短暂的刻薄
行为实际上可能是有益的。就像每个人都会有嫉妒心理的经
历一样，正常的社交问题也几乎普遍存在，但一般很少发生
严重后果。我的意思是说，虽然与朋友吵架或听到恶意的言
语并不好玩，但偶尔发生的、与孩子的不经意或冲动有关的
恶意行为，可能给孩子提供了低风险但具有挑战性的社交环
境，让他们从中学到东西。如果在童年时期从未学习过如何
应对争吵，又怎么能学会处理成年后复杂得多的冲突呢？所
有的孩子可能都需要从同龄人轻微、随意的残酷行为中体验
和学习。

我曾多次目睹这一原则的实施，但有一件事让我记忆犹
新。多年前，我在操场上短暂地观察一群幼儿园的孩子。我
注意到一个小男孩很不高兴，因为旁边的两个女孩指指点点
地窃窃私语、咯咯笑，却没有和他一块儿分享。他垂头丧气

地扫视了一下操场，发现了另外一个小男孩，便小跑过去。我以为他要和小男孩一起玩，但他却把小男孩拽回操场，拉到两个窃窃私语的小女孩身边坐下。他高兴地对男孩说："现在我们来笑吧。"他们真的笑了。确切地说，这并不是心理学家所说的亲社会反应。但他是在利用这些女孩对他的排斥，来做出一种能让他自己感觉更强大的反应。如果操场上的监督员进行了干预，他可能永远也学不会这种社交应对技巧。认识到朋友能提供社交支持是应对任何同伴恶意行为（无论轻微还是严重）的一项极其重要的技能。事实上，在我的研究中，年长几岁的孩子向我报告说，与朋友保持亲密关系是应对恶意同伴的最佳方法。

33

　　但如果这些女孩每天都排斥那个小男孩呢？如果这不是一次性事件，而是一连串持续不断的贬低和蔑视呢？就像反复出现的严重嫉妒一样，反复、多次或严重的社交问题也会使有害结果急剧升级。在 2013 年我对 400 多名青少年进行的一项研究中，我询问被试者，同伴的残忍行为对他们造成了多大的困扰。与打架、争吵或一次性恶意行为相比，符合真正欺凌标准的事件所造成的创伤要大 50% 左右。与同伴发生过争吵的孩子，或者遭遇过令人难忘的不友善行为的孩子，在 100 分的评分标准中，对这种经历评分平均为 51 分左右。而受欺凌者对自己经历的评分（平均）约为 73 分（满分 100分），明显高出很多。重要的是，造成伤害的原因似乎是欺凌行为的重复性，而不是个别行为是否严重。例如，社交上的拒绝和一些轻蔑的言语可能在个别情况下看起来微不足道，但如果每天都发生，这些轻蔑的言语就会累积起来，造成真正的伤害。一次巨大但短暂的尴尬，例如，在高中忍受关于你家庭的流言蜚语，在短期内会让人非常难过，但研究表明，这种尴尬不太可能造成像欺凌或网络欺凌那样的持久伤害。

了解了这一点，处方就变得简单了。当问题不是太长期或太严重时，让孩子学会自己应对往往是有益的，尽管（重要的是）要有成人和朋友的指导、帮助和持续支持。然而，当问题成为持续虐待模式的一部分时，即使个别行为看似轻微，也不再是童年的"正常"行为，成年人可能需要进行干预。

理论上讲，似乎简单明了。但在实践中，我认为并不那么简单。虽然大多数成年人都明白，当真正的伤害看起来确实有可能发生时，我们有必要强化应对措施，但要确定某件事情何时真的有可能造成这种伤害却并非易事。我们渴望区分严重与不严重的情况，这使我们自然而然地倾向于寻找能够表明可能情况的重要性的线索，但我们有时会使用不可靠的迹象来判断情况。如果孩子在你面前哭泣，描述在学校痛苦的一天，那么，眼泪和抽泣是否意味着你正在处理类似欺凌的危机？一位朋友的女儿因为网上关于她怀孕的谣言（她

34

并没有怀孕）而备受打击，她一边哭一边恳求父母不要让她第二天再去上学。更多的不安就等于欺凌吗？如果一个问题似乎一而再，再而三地发生，这还是"正常的"朋友间的争吵吗？如果一条短信在成百上千的孩子中流传，这到底是网络欺凌还是两天内就会过时的谣言？尽管它们的特征很明显，但并不容易辨别。虽然剧烈的情绪反应明显暗示着事件的严重性，但你会更担心谁：是一个说自己经常被冷落而深感悲伤的孩子，还是一个告诉你因为被开除而心烦意乱、情绪激动的孩子？正如我之前指出的，我们知道，最令人痛苦的不一定是事件的严重程度，而是事件多次重复发生。伤心的孩子在学校已经被社交排斥了好几个月，可能最后会受到更多的情感伤害。

孩子的坏情绪并不是出状况的唯一迹象。其他突出的，但仍可能误导我们的症状是内在的，它们发生在孩子的内心，但它们可能和女儿的哭泣一样明显——就像那张哭泣的脸，它也可能误导我们。我听得最多的内部触发因素可能是所有父母都会有的，关于很久以前的侮辱或羞辱的生动、情绪化的记忆。没有人喜欢这些记忆，但每个人都曾有过。这些记忆显然比较典型，但又不那么特别突出，它们会让我们不舒服地挣扎，但又通常不会造成欺凌和网络欺凌可能导致的那种严重创伤。[3]我至今仍清晰地记得，七年级时，一位老师在课堂上朗读了我传给朋友的一张纸条，我当时被嘲笑了，这让我很不舒服，这些记忆确实有其后遗症。它令人不快，但当我的孩子遇到类似社交问题时，它可能会让我更有同情心。但无论是不是有目的性的，这些记忆也会影响我们对孩子遇到的问题的判断。如果我们把令人难忘的尴尬或令人不快的事件贴上了欺凌的标签（无论准确与否），那么，我们通常也会给孩子遇到的类似的经历贴上同样的标签。例如，如果你认为自己在学校舞会开始前被一个舞伴甩了是受到了欺凌，那么，当你的孩子同样被甩时，你可能会觉得非常难过，从而得出结论：他被欺凌了。

因此，我们的情绪反应或孩子的情绪反应可能并不是判断某种情况是否真的是欺凌的最佳方法。但是，我们不仅可能过分关注这些情绪，还有其他一些重要的线索也可能被错误地忽略。我见过很多这样的案例，学校和家长就孩子的社交障碍进行反反复复的争论：这是欺凌。不，这不是欺凌。或者诸如此类。对于成年人来说，这种争论可能会变得非常严肃和激烈，以至于完全忽略了孩子行为或康复相关的重要信息。孩子们曾向我描述过这样的案例：在一次事件之后，他们和同伴已经恢复了友谊，并且原谅了彼此，但他们的父母却依然耿耿于怀，继续积极推动将这个问题正式定性为欺凌。我见过这样的情况：当大人们在争论（有时甚至是争吵）该贴什么标签时，当事的孩子却无精打采，基本上被遗忘在一边。帮助孩子的必要步骤完全被喋喋不休的争论占据了。如果家长不信任学校应对欺凌行为的措施，这种情况就会更加糟糕。一项针对家长的研究发现，无论是母亲还是父亲，都经常认为教师和管理人员在处理欺凌事件时冷酷无情、漠不关心，或者两者兼而有之。[4]

　　仅依赖于孩子短暂而强烈的情绪反应，基于我们自己的经历而作出情绪化反应，或者忽视相关信息，可能会导致太多情况被贴上欺凌的标签。我见过太多令人不快的争吵、一次性的残忍行为和误解被归为欺凌或网络欺凌的情况。我清楚地记得，一位母亲描述了她女儿和朋友之间的一次争吵，她错误地将其定性为欺凌。当我指出这听起来更像是一次简单的争吵时，她表示同意，但又补充说："嗯，对我来说，这仍然是欺凌。"用"欺凌"这个词来指代任何非常具有伤害性的事情，这种情绪化的倾向是可以理解的，但会带来问题。事实上，如果你把一个很常见的问题（比如朋友之间的争吵）定性为欺凌，那么，你实际上就是在承认欺凌并不特别。如果很多问题都是欺凌，那么，即使不是很多人，也会有大多数人经历过欺凌，因此，据此定义，欺凌就成了童年的很正常的一部分。但反过来说，如果"欺凌"这个词是专指不那么常见的重复性、创伤性、有针对性的残忍行为，那么，它显然就不是童年的正常的一部分，我们宁可希望人们不要把它当作童年的正常一部分。

　　问题的关键在于，家长、教育工作者和孩子们往往对某一情况有不同的认识，他们也会带来不同的情感体验。这都会导致不同的结论。给任何事件贴上欺凌（或非欺凌）的标签可能会造成更多问题，而不是解决问题。了解孩子是否真的受到了欺凌固然重要，但更重要的往往是了解孩子是如何应对艰难的社交处境的，以及成人和朋友可以如何提供帮助。当对孩子之间的社交问题是否属于欺凌存在争议或分歧时，家长需要问自己几个问题。首先，为了帮助孩子调整状态，这个判断真的有必要吗？例如，一个因为社交能力差而被排斥的孩子可能会从社交能力培养计划中受益。被认定有欺凌行为可能与他们是否被安排参加这样的课程没有任何关系。

其次，其他成年人是否有可能看不到或无法识别相关的问题行为？简短的回答是肯定的，但并非总是如此。例如，如果你的孩子在社交中被忽视或被辱骂，这些行为可能不会被老师或管理人员发现（就像人身攻击那样明显）。如果大人看到了，他们可能会得出结论：只是被忽视，并不特别严重，却没有意识到重复的社交轻视确实会造成很大的伤害。通常情况下，我认为更有效的做法是将注意力集中在显示孩子可能真的受到了创伤并需要我们帮助的迹象上。这方面的研究具有独特的价值，因为，它可以一次性检验数百名儿童，评估不同经历的影响。我在上文提到的 2013 年的研究比较了受社交创伤影响较严重的儿童和受影响较小的儿童。在

37

这项研究中，我发现有几个关键因素似乎真的有助于区分更正常、更常见的同伴恶意行为，以及诸如欺凌和网络欺凌等创伤性、慢性病式的事件（请参阅本章"应对之道"部分，知晓这些关键因素的清单，可以帮助你区分创伤性较强和创伤性较弱的问题）。

最后，请扪心自问：如果这种情况看起来不是重复的、故意的、有针对性的虐待，仍将其定义为欺凌是否会让孩子失去学习如何处理社交困境的机会？孩子可以从处理不被邀请参加聚会的问题中学到很多东西。让他们考虑所有的选择。让大人来处理（让你妈妈打电话给他们的妈妈）是最佳选择吗？在学校怒气冲冲地顶撞人会有帮助吗？也许和朋友一起计划一些有趣的事情，提醒自己还有喜欢你的人，这不是你一生中最后一次聚会，会对缓解你的情绪有所帮助。从长远来看，将并非欺凌的情况定性为欺凌，可能会导致你的孩子错失学习机会，也许将来在社交方面的应对能力也会下降。

欺凌是更强大的同伴故意、重复、有影响的行为。这不是童年的正常现象，往往会造成心理创伤。其他社会问题也可能造成创伤。被自己信任的人针对、在互联网上被公开羞辱、面临多种问题、社会支持较少，这些都可能对儿童造成伤害。而那些似乎是童年正常部分的同伴间的残酷行为却不一定会造成伤害：与朋友的短暂争吵，不经意或不小心的伤害性言语，或被某个对你发火的人冷落。而欺凌和网络欺凌既不是短暂的、不经意的、无意识的，也不是很快就后悔的典型行为。这些行为更具有持续性，因此，不是普通的社交问题。

38

应对之道:误解 3 欺凌是童年的正常现象

实际情况:轻微的、短暂的、偶发的同伴恶意行为可能是正常童年的一部分。欺凌则不然。

了解哪些因素标志着比较正常的社交问题，哪些因素标志着对情绪影响较大的问题，可能对问题的解决有所帮助:

● 反复出现的问题会导致更高的创伤率。当同伴做了一次刻薄的事情，尤其是当着别人的面，这已经够让人难受的了。但当这种事情一次又一次地发生时，你就要知道，不仅要忍受当前的攻击，还很可能有其他的攻击。这对孩子来说就更难以承受了。

● 在我的研究中，孩子们认为，转移到网络上的问题比发生在学校的问题更具伤害性和影响力。在现场，孩子们经常告诉我，通过数字技术进行的攻击感觉更公开，因此，会让目标感觉更暴露、更脆弱。

● 有趣的是，和那些与老师没有友好关系的学生相

比，那些经常与老师保持亲密关系的孩子受同伴欺凌的影响要小得多。

● 总的来说，同与朋友相处较好的孩子相比，经常与同伴打架的孩子在遇到同伴攻击时将感到更难应对。

● 此外，儿童在与朋友或新结交的朋友发生社交冲突时，其痛苦程度似乎更高（顺便说一句，这与成人之间的冲突研究结果完全一致。当攻击者是目标群体认为应该信任的人——朋友、配偶等。这在情感上更难以接受）。

● 最后，当受害者还面临其他类型的压力——父母离异、兄弟姐妹生病、家庭问题、药物滥用、情感障碍等，如果有人在社交上对他们比较残忍，他们就更容易受到伤害。这种创伤的累积效应很可能非常残酷。

39

参考文献

1. Naylon, K.（2014）. What jealousy made me do. *Happen Magazine*（October 8）. http：//www.match.com/magazine/article/6823/What-Jealousy-Made-Me-Do.

2. Pines, A. M. and Bowes, C. F.（1992）. Romantic jealousy. *Psychology Today*（March 1）. http：//www.psychologytoday.com/articles/200910/romantic-jealousy.

3. 值得关注的例外是那些一次性的偶发事件，这些事件非常严重，可能会造成真正的心理伤害，例如战时情况或成为性侵犯的受害者。

4. Hale, R., Fox, C. L., and Murray, M. (2017). "As a parent you become a tiger"： parents talking about bullying at school. *Journal of Child and Family Studies* 26 (7)： 2000—2015. https：//doi.org/10.1007/s10826-017-0710-z.

第 5 章
误解 4　个子小、身体弱的
孩子常是被欺凌的对象

这段录像非常令人不安。这段业余视频拍摄于 2004 年，画面中一名中年男子用皮带狂殴一名少女，他似乎用尽了全身的力气。在拍摄几年后，这段视频被发布到网上，引起了病毒式传播。即使在美国，大多数学龄前儿童有时仍然会被父母打屁股，[1]但许多观众都认为这种殴打是虐待。不过，这起案件最令人震惊的部分甚至不是殴打本身，而是涉案人员的身份。令人吃惊的是，打人者是一位名叫威廉·A（William A）的家事法庭法官，而被打的女孩则是他患有共济性失调脑瘫的年仅 10 岁的女儿。她身体上的脆弱似乎丝毫没有束缚住父亲的怒火。女孩担心父亲的脾气越来越暴躁，于是偷偷录制了这段视频，多年后，她才公布这段视频。

在视频发布后的媒体报道中，很少有媒体为法官辩护。主持人马特·劳尔（Matt Lauer）在《今日秀》（Today Show）节目中报道此案[2]时，描述了即使是经验丰富的新闻记者也觉得这段视频令人不安。面对如雪崩般的谩骂声，法官进行了辩解，淡化了自己行为的暴力性。他告诉科珀斯克里斯蒂（Corpus Christi）电视台，视频让殴打看起来"比实际更糟糕"，并声称虽然他发了脾气，但除了"管教我的孩子"之外，他并没有做其他任何事情。他的正当性辩解似乎很单薄，但考虑到使用暴力的程度和女孩的残疾情况，任何人都会觉得为录像所呈现的暴力强度辩护是很有难度的。[3]鉴于他作为法官的职业特性，公众可能会觉得他的行为不可思议。在日常工作中，他可能会给他人提供养育子女的技巧，或代替父母对案件作出裁决。

排除他的工作性质，从其他许多方面来看，这似乎是一个非常典型的虐待案件。他的女儿作为受害者，感到无能为力，至少面对父亲时是这样。她后来形容父亲是一个经常对家人进行心理或身体虐待的麻烦男人。在她看来，母亲、姐姐和自己都是随时可以攻击的目标，她们总是屈从于父亲。和许多其他受害者一样，她认为这种虐待是一种残酷的权力游戏，利用了她无力反抗的弱点。法官却不这么看。他认为是女儿的行为引发了攻击，因此，她应该对此负责。相比之下，他的女儿似乎觉得父亲打她只是因为他可以这样做。

幸运的是，欺凌通常没有那么极端的攻击性，但它产生的心理机制却非常相似。欺凌和身体虐待一样，一直都是强者掠夺弱者的残酷行为。但近年来，这种行为的身体伤害性也在逐渐减弱。几十年前，研究人员就注意到，个子小、身体弱的男孩是欺凌的主要目标（这也是每个小学生都知道的事实）。[4]即便是今天，育儿建议中通常都拿身体弱小的男孩作为受害者的例子。照片和艺术作品中关于欺凌的描述仍然经常出现一个小个子孩子被一个大个子男孩蹂躏的场景，而且，正如我在之前章节中指出的，身体伤害仍然被认为是欺凌的一个警告性迹象。

但事实上，欺凌在很大程度上已经转变为一种心理现象，而这种转变也扩大了欺凌者可能攻击的目标范围。如果欺凌者不想打人，把自己局限在一个身体弱小的目标上就没什么意义了。然而，心理上的弱点可能有很多来源。使用心理战术并不意味着欺凌和网络欺凌不再是蔑视和强势力量的表现，它只意味着当欺凌者和网络欺凌者寻找一个脆弱的目标时，他们的选择范围远远超出了身体最弱的同学。

以法官 A 的女儿为例。正如她看到家人的驯服是导致父亲行为的关键因素一样，被欺凌者也常常将自己心理上的无力感作为受害的原因之一。除了传统意义上的无力抵抗（如身材矮小），心理上不愿反击的迹象似乎也增加了他们的脆

43

弱性。理解这一点并不等于责怪受害者。我们早就注意到，身材矮小可能会让孩子更容易受到身体欺凌。同样，从欺凌者的角度来看，其他特征也可能会让孩子更容易成为被攻击目标。在我于 2013 年对 453 名青少年进行的一项研究中，被欺凌者认为，最常见的受害原因是他们有退缩的倾向，而不是缺乏体力。与此相关的一种可能性是，有时受害者个人并不缺乏自卫能力，但他们所属的群体因被认为缺乏力量而经常成为攻击目标。高、低权力群体或小团体的构成当然会因学校而异，但一般来说，权力较大的群体往往是那些与地位较高的体育运动有关的群体，而权力较小的小团体往往是接受特殊教育的儿童或者自我认同或被同伴认定为是同性恋、双性恋或变性的学生。许多研究发现，LGBTQ 学生成为欺凌目标的比例比较高，其他研究发现特殊儿童也存在类似的情况。[5, 6]

但一个人的个性或者群体软弱并不是唯一的弱点，被欺凌的对象通常会说他们的长相，或者更具体地说，他们的体重是导致他们弱势无助的根本原因。如今，孩子的体重可能是他们最易受伤害的身体特征。在我的研究中，近三分之一的受害者认为自己的外貌增加了他们遭受欺凌的可能性。另一项研究发现，体重是一个非常敏感的话题，即使是正常体重的儿童有时也会因为太"胖"而受到欺凌（可以预见，超重儿童更会如此）。[7]在我自己的研究中，超重青少年受到同伴残忍对待的风险更高，尤其是在残忍对待"多次、持续、重复发生"的情况下（15％的青少年报告了这种情况，而正常体重的青少年只有 10％）。他们可能会受到更多的欺凌，但他们似乎并没有经历太多的来自同龄人的轻微的、单一事件的、随意的冷酷言论或行为（67％的超重青少年和 69％的正常体重青少年报告了这种情况）。

这就不难理解，为什么现在的孩子会说自己因属于弱势群体、个性不够自信、长相不够完美而成为攻击目标。但我再次声明，我并不是在责怪受害者。如今，即使是自信、完美、受欢迎的孩子也可能成为受害者，因为数字互动可以为任何社交权力游戏注入脆弱的元素。在学校里，欺凌者选择目标的任何原因和理由在网络上都是不存在的。数字技术的使用很简单地产生了自身的脆弱性。任何用户，无论其传统社会地位如何，理论上都会发现自己无法在网上保护自己。网上的受害者可能是熟人、陌生人、学校里的竞争对手，甚至是学校里的恶霸。任何攻击都可能被放大，因此即使是不经意间的言论也可能具有巨大的作用。误解在网上可能比比皆是（因为语音语调和面部表情不会随着信息发过来），而误解则可能成为残忍行为和报复的导火索。

不敢当面发起攻击的同龄人可能在网上可以更大胆地发起攻击，因为他们不必面对他们的目标。欺凌者可以匿名攻击，隐藏自己的身份，这可能会让目标感到特别害怕和恐

45

惧。在我 2011 年对 20 766 名学童进行的研究中发现，随着年龄的增长，网络欺凌中使用匿名的情况似乎越来越少。[8] 2011 年，在小学阶段的网络欺凌受害者中，只有 20% 的人知道自己的网络欺凌者是谁，但到了高中，73% 的高中生知道网络欺凌者的身份。然而，自 2011 年以来，鼓励匿名问答或匿名披露秘密的应用程序和网站大受欢迎。对这些应用程序的非系统研究表明，当鼓励匿名对抗时，事情很快就会变得很糟糕。数字技术不仅改变了欺凌者所针对的目标群体的弱点类型，而且，它本身也是多变的，并可能在这里或那里创造出新的敏感点。

所有这些都表明，弱势仍然是成为欺凌者目标的一个关键因素，这并不是一个误解。然而，尽管欺凌者倾向于选择的弱点类型已经发生了明显的变化，但欺凌的其他特征却依然如故。欺凌者仍然将攻击目标视为自作自受。如果你问欺凌者他们是如何选择受害者的，他们通常不会说他们是在寻找弱者。就像法官 A 所做的那样，他们经常把受害者的行为（责怪受害者）和自己的愤怒（他们通常认为这是理所应当的，是受害者造成的）作为其欺凌行为背后的动机。在我的研究中，在大约 70% 的欺凌事件中，实施欺凌的男孩和女孩都将愤怒视为主要动机。他们将欺凌行为描述为与自己不喜欢或生气的人之间的交流，而不认为这是为了显示自己的力量或受欢迎程度，也不认为是受害者的生理或心理特点引起的。一半以上的欺凌者说，他们停止欺凌是因为"不再生气了"。

欺凌当然可能与愤怒相关，愤怒肯定会加剧某人的残忍行为，但如果这些行为真的只是因为对同伴感到愤怒，那么，就不会出现特定的受害者。你有可能对任何人发火，但选择只攻击（或主要攻击）那些在某些方面处于弱势的人，就表明这是有预谋的，而不仅仅是一时冲动（或者，至少是两者的结合）。不过，也许参与欺凌的孩子们只是把愤怒作为动机，因为这比告诉研究人员他们是因为某人的受欢迎程度、体重、种族、性取向或其他类似特征而将其作为攻击目标更容易被社会接受。我有兴趣弄清欺凌者是否真的将正当的愤怒（而不是社交权力）视为他们的动机，因此我决定将那些一再欺凌他人的人与那些承认自己偶尔说过较温和的刻薄话或做过较温和的刻薄事的人进行比较。我让这两类人描述他们冷酷无情的行为，然后研究他们的回答，看他们是否认还是承认自己的行为是错误的。

偶尔刻薄的孩子更容易同意"我当时没有想清楚"或"我做的事情不理想"这样的说法。他们承认自己的行为从根本上说是错误的，但他们试图将错误最小化。但屡次欺凌他人的人则不同，他们更倾向于说自己的行为是"可以理解和合理的"，或者说他们"别无选择"。这些态度表明，他们认为自己在很大程度上没错。我们很难知道他们为什么这

46

么自信和固执地认为自己是有道理的，但如果他们只是在恶意回击，为什么他们的"折磨"会如此频繁地出现在如此脆弱的同龄人身上呢？这根本说不通。即便如此，欺凌者也不一定都是不折不扣的骗子，他们只是在玩世不恭地试图证实自己一再实施的残忍行为是合情合理的。他们在谈论和思考愤怒的动机后，可能真的会认为自己的行为是正当的。

还有另一种可能。几十年前开始的研究发现，持续具有攻击性的孩子往往会把中性的情况误解为敌意攻击。大多数女孩可能会认为前男友的新女友只是喜欢他，但攻击性更强的女孩可能会认为，新女友的动机首先是故意羞辱她。在这种情况下，她可能会认为任何"报复"都是完全正当的，即使别人认为她是始作俑者。但是，我们一次又一次地发现，有些孩子，比如 LGBTQ 青少年，更有可能成为被攻击目标。因此，将事情误解为敌意的倾向只能是部分原因。如今的欺凌者显然并不局限于身体弱小的受害者，但他们同样在寻找人脆弱的一面。

应对之道：误解 4　个子小、身体弱的孩子常是被欺凌的对象

我们知道，弱势儿童确实是易被攻击的目标人物，但残忍的儿童往往不认为这是他们残忍的理由。实际上，他

们可能很难以别人的眼光来看待自己的行为，他们可能会专注于自己的愤怒，并试图为自己的愤怒辩解。因此，我们的任务是双重的：帮助他们能够像别人一样看待自己的恶行，并向他们说明，即使他们做不到，公然的蔑视或残忍也是绝对不允许的。

当孩子们做出残忍的行为或对同伴表现出赤裸裸的蔑视时，我们也需要承认他们的愤怒，但要清楚地划清情感和行为之间的界限。无论你感觉到什么，都是可以的，但并不总是可以对这些感觉采取行动。我们还需要宣传这样的价值观：善待他人，保护那些更容易受到伤害的人，永远都是应该的，也永远是恰当的。

我们如何利用这些数据来帮助弱势目标人物？现在有很多项目提供帮助，或声称可以帮助，让儿童变得更加自信和果断。当它们真的起作用时，真的是会有所帮助。但它们肯定不会对所有儿童都有效，即使有效，有些弱点也很难避免（如属于某个群体或使用数字技术）。但是，帮助孩子们达成能够增强他们自信心的目标（例如，通过掌握一种乐器，或者通过足够的练习使他们在运动方面大放异彩，或者通过获得一份新工作或在学校取得成就）是值得的。对孩子自信心影响最大的成就是那些他们自己真正看重的成就。因此，如果他们对弹钢琴毫无兴趣，强迫他们

48

掌握这项技能可能不会有太大帮助。另外，如果他们对足球运动有真正的热情，进入高中足球队会对他们有积极的激励作用。

参考文献

1. UNC School of Medicine. (2010). Corporal punishment of children remains common worldwide, UNC studies find. http：//www.med.unc.edu/www/newsarchive/2010/august/corporal-punishment-of-children-remains-common-worldwide-unc-studies-find.

2. NBC, msnbc.com, and news services. (2011). Judge's daughter：hope beating video gets him help. MSNBC. http：//www.nbcnews.com/id/45135221/ns/us_news-crime_and_courts/t/judges-daughter-hope-beating-video-gets-him-help/.

3. Adams subsequently released a public statement in which he acknowledged the seriousness of cerebral palsy but denied that his daughter was physically disabled. http：//extras.mysanantonio.com/pdf/JudgeAdamsstatement.pdf.

4. E. g. Peters, R. (2005). How to help keep your kid from being bullied. Davidson Institute. http：//www.david-

songifted.org/db/Articles_id_10335.aspx.

5. GLSEN: Gay, Lesbian and Straight Education Network. (2009). National school climate survey: nearly 9 out of 10 LGBT students experience harassment in school. https: //files.eric.ed.gov/fulltext/ED512338.pdf.

6. Lindsay, G., Dockrell, J., and Mackie, C. (2008). Vulnerability to bullying in children with a history of specific speech and language difficulties. *European Journal of Special Needs Education* 23 (1): 1—16. https: //doi. org/10.1080/08856250701791203.

7. Puhl, R. M., Peterson, J. L., and Luedicke, J. (2013). Weight-based victimization: bullying experiences of weight loss treatment-seeking youth. *Pediatrics* 131 (1): e1—e9. https: //doi.org/10.1542/peds.2012-1106.

8. Englander, E. (2012). Research findings: MARC 2011 survey grades 3-12. Massachusetts Aggression Reduction Center, Bridgewater State University. http: //webhost. bridgew. edu/marc/MARC% 20REPORT-Bullying% 20In% 20Grades%203-12%20in%20MA.pdf.

第6章

误解5　最重要的是他们对你做了什么

你孩子的老师会不会想杀了你？1999年，东康涅狄格州立大学（East Connecticut State University）的一位生物学家发表了一篇论文，警告教育工作者们，考试可能会轻易杀死学生的祖父母。迈克·亚当斯（Mike Adams）分析了二十年来的重要数据，发现了一个重要的关系：学生的祖母在期中考试前比在学年中的任何时候都更有可能死亡。更重要的是，如果学生在班上表现不佳，祖母的死亡风险就更大。不及格学生的祖母死亡的可能性要比其他群体高出50倍！荒谬（而且非常有趣）的结论是，考试似乎直接导致了这些不合时宜的死亡。亚当斯这篇调侃式的论文意在证明，对某一事件的误判是多么容易，而且非常有效。数据是真实的，但结论却是错误的。考试和祖母的死亡是相关的，但两者之间并不是因果关系。

遗憾的是，要弄清相关事件是否互为因果关系并不总是 52 那么容易。有很多看似合理的因果关系。暴风雪过后九个月会出生更多的婴儿吗？吃糖会加剧癌症生长吗？喜冷的母亲会导致孩子自闭症吗？几个世纪前，苏格兰哲学家大卫·休谟（David Hume）推测，人类总是试图看到简单的因果关系，因为，这是我们认识世界的方式。很多时候，得出这些结论相对简单，而且相当准确。但在其他时候，情况就比较复杂了。你大概能猜到我要说什么。是什么关键因素使社交残忍行为真正具有伤害性？有很多相关因素，但要知道哪几个因素是造成创伤的关键因素并非易事。

让我们先来看看成年人通常是如何处理有关社交残忍行为的报告的。当孩子们告诉我们有人对他们不友好时，我们首先会问：他们对你做了什么？这显然不是一个毫无意义的问题。很显然，确定一个事件是否会危及他人的安全或生命是至关重要的。威胁、暴力和性骚扰都属于残忍行为，其本身对决定如何应对是至关重要的。想象一下，你的儿子报告说他在学校受到了威胁。如果威胁者说他计划第二天带枪到学校，立即采取行动是理所当然的。但如果威胁只是"照我说的做，否则我就不再喜欢你了"呢？在这种情况下，你就大可不必触发警报。但是，很多欺凌和网络欺凌并没有那么明显。一旦我们知道这不是涉及人身威胁、暴力或性骚扰的极端情况，那么知道其他孩子是否翻白眼或无视你的儿子又有多重要呢？在这些比较典型的情况下，他们实际做了什么可能并不重要，但情况仍然可能很严重。如果你的孩子长期遭受欺凌，即使是看似轻微的行为，你也不应该置之不理。只问他们做了什么是不够的。我们需要一种更好的方法来判断恶意行为的潜在严重性。

53

2018 年，我进行了一项研究，试图通过筛选网上残忍行为的特征，找出哪些特征可以预测出负面结果。我很清楚，同样的行为有时会引起受害者完全不同的反应。比如，当你在课堂上答错答案时，有人会翻白眼。在某些情况下，你可能真的不在乎。而在另一些情况下，这个动作可能真的会刺痛你。因此，如果决定影响的并不总是行为本身，那么，决定影响的又是什么呢？尤其是在网络上的轻视，我们很难弄清楚为什么一个残忍行为会造成伤害，为什么同样的行为有时不会造成伤害。

在分析之初，我将网络欺凌行为分为"严重"和"不严重"两类。"不严重"类别的一个例子是朋友发布了一张稍尴尬的照片。想象一下，你的朋友在你大笑时给你拍了一张照片，照片上的你张大了嘴巴。这不是一张糟糕的照片，但也不是一张讨人喜欢的照片。你自己可能不会选择发布这张照片。也许你的朋友并没有仔细考虑过这个问题。他们并不想让你难堪，只是因为这张照片看起来有点滑稽才贴上去的。事实上，这确实有点好笑，也稍微有点尴尬，但没什么大不了的。这就是一个负面但不严重的网络行为的例子。

另一种情况，想象一下，有人把你的头像拍下来，PS 到成人色情图片上，然后把照片发布到网上，用手机在学校里到处传播。他们这样做是恶意的，希望尽可能地羞辱你、伤害你。这绝对属于"严重"事件。

我考虑的第一个问题是，事件的性质是否真的能体现其伤害程度。严重事件的受害者比轻微事件的受害者更糟糕吗？当然是的，但只是有时。我在这项研究中发现，"严重"事件造成的创伤更大，但其他因素在预测影响方面更为重要。例如，决定影响结果的最主要因素不是事件是严重还是轻微，而是网上恶意行为的受害者是否在学校也有社交问题。换句话说，那些在学校和网络上被欺凌的孩子更容易受到网络暴力的伤害，不管是轻微的还是严重的。而那些在学校里没有成为欺凌目标、只经历过偶尔一次网上恶行的孩子，他们受到的总体影响要小得多。处于中间位置的是那些在学校没有成为攻击目标，但在网上多次遭受攻击的孩子。换句话说，背景似乎是关键。如果你在社交方面感觉良好，如果你有好朋友，如果你不是欺凌者的攻击目标，那么，你很可能能够忍受一定程度的攻击，无论是在网上还是在学校现实生活中。而如果你感觉非常脆弱，即使是轻微的攻击也

54

会对你造成很大伤害。

对照一下这里的差异。如果受害者报告说他们只在网上受到过一次攻击，而且在学校没有受到欺凌，那么，更严重的事件会使情绪影响增加 12%。然而，如果他们在学校也受到过欺凌，那么，情绪影响就会增加 20% 或更多。因此，当我们问"他们对你做了什么？"时，我们并不是在浪费时间，而是可能需要接着问有关背景的问题。例如，我们可以问"他们对你做了什么？""你身上还发生了什么事？""这是不是只是发生了这一次？"或"还是你被其他人盯上的更大麻烦的一部分？"

想想我们是如何评估传统意义上的欺凌行为的，所有这些就都说得通了。一般而言，我们会问学校中的社交残忍行为是否重复发生（或只发生过一次）；是不是故意的（相对于意外或不经意的）；是否存在权力不平衡。这些因素本质上都充分考虑了不友善行为的背景。这项新研究表明，网络欺凌也同样适用上述规则。

55 **应对之道：误解 5　最重要的是他们对你做了什么**

实际情况：重要的是他们对你做了什么，以及他们做这件事的背景。

你和你的孩子在思考什么是伤害，什么不是伤害时，可以练习将背景因素考虑在内。例如，你可以利用本地或新闻案例与孩子们讨论背景。考虑提出这样的问题：

● 对你残忍的人是你的朋友，或者是一个你几乎不认识的人，这有区别吗？

● 我猜想，这已经不是这两个人第一次闹矛盾了。你怎么看？

● 我知道，只是看一眼似乎是小事，但如果还有其他问题呢？这难道不会让人觉得这只是一个大的负面麻烦的一部分吗？

第 7 章
误解 6 网络欺凌就是欺凌，
只不过是在电脑上

无论谁欺负人，本质上都是一样的：一个更有权势的人反复对目标发动残忍的攻击。但是，网络对话有时可能只是一个方枘圆凿的问题。以阿兰娜·皮尔斯（Alanah Pearce）为例，她是一名年轻的澳大利亚视频游戏评论员，在网上受到了一些非常恶毒和可怕的语言攻击。和许多经常在网上写博客或发帖子的人一样，她有时也会收到一些奇怪或讨厌的留言。这只是网络工作的一部分。在这种情况下，标准的建议是对任何威胁置之不理。但在收到几条露骨的强奸威胁（一种特别恶毒和令人不安的恐吓）后，阿兰娜决定作出回应。她不知道她将要发现的威胁她的人会是什么人，但她肯定没想到，这些所谓的强奸犯根本就不是成人男子。令她惊讶的是，她发现这些威胁中有几个竟是非常年轻（甚至是青春期前）的男孩子。

阿兰娜决定采取传统的办法。她查找并通知了几个曾在网上威胁过她的男孩的母亲。至少有一位母亲迅速作出了回应，很快，阿兰娜就收到了男孩写的亲笔道歉信。

这个案例中所述的是欺凌吗？或者更准确地说，是网络欺凌吗？

在数字领域，我们很难将欺凌行为与我们为面对面欺凌设定的标准相匹配。考虑一下欺凌的特征：行为需要是故意的、重复的、有影响力的，欺凌者是比受害者拥有更多力量的人。毫无疑问，数字强奸威胁是令人震惊和反感的，也可能是一种极具伤害性的行为。它甚至可能具有恐吓性。任何接收者都有理由感到不安。但这些年轻男孩子的意图是什么呢？事件是否"重复发生"？如果是在网上交流，这些问题就更难回答了。阿兰娜并不认为这些男孩的意图就是强奸她，甚至也不是吓唬她。她认为他们的意图就是引起她的注意，也可能是为了向朋友炫耀。让我们明确一点：这些都不能成为替这些男孩所作所为开脱的借口。在网上发生在阿兰娜身上的事情是令人厌恶的、非常伤人的，而且可能是犯罪行为。这是一个非常严重的错误行为，但它可能并不符合欺凌的标准。

　　重要的是要记住，并非所有残忍的行为都是欺凌，有时特别残忍的行为也不是欺凌。这一点在网络上体现得淋漓尽致。这并不是想降低任何人行为的影响，而是想让大家更清楚什么是欺凌、什么不是欺凌。在这一领域，我看到了很多不符合明确定义的案例。如果一名青少年收到了关于某人的流言蜚语，然后转发给其他人，这是否意味着最初的发送者就是欺凌者？还是转发谣言的孩子是欺凌者，但他从一开始就没有写谣言？有些数字案例似乎更简单明了。当一个孩子在网上建立了一个"我们讨厌杰森"的群，在那里发布关于杰森的谣言，并不断鼓励其他人加入该群时，这似乎很明显是故意的、重复的，等等。但更多时候，我在"现实生活"中遇到的情况并不符合这种模式。相反，我经常看到"欺凌"这个词是针对受害者的伤害程度而使用的，而不是对假定的"欺凌者"的意图和行为进行审查（在第 1 章中，我讨论了过度使用"欺凌"一词，实践中导致其偏离真实概念）。

　　不完全类似"欺凌"模式，只是数字残忍行为，是与学校里孩子们之间发生的欺凌行为截然不同的一种方式。当人们使用数字技术时，他们对交流的感知和理解也存在重要差异。

　　让我们从最明显的例子开始。误解在网上比比皆是。短信息通常只有简短的文字片段，缺乏人际交往或电话交谈的所有质感——语音语调、面部表情、肢体语言以及其他传达情感和环境的细节。即使是成年人也常常忘记，如果没有这类信息，就很容易对短信息产生误解。最近，纽约的一位教师被迫参与一个无聊的会议，他给妻子发短信，让她"打电话，说有炸弹威胁"。他在下一条短信中发了"哈哈"。但为时已晚，因为他惊慌失措的妻子已经打电话报警说学校有炸弹了。[1]事实证明，"哈哈"这两个字非常重要，足可以避免随之而来的误解。在本章末尾，我将讨论我在与孩子们讨论误解问题时使用的一种技巧。

　　网络交流的另一个不同之处是由于一种叫作"解除抑制"（disinhibition）的效应。简单地说，人们会在网上说一些他们在人前永远不会说的话，在几乎所有的新闻报道或博客的评论区都很容易看到这样的例子。在使用数字技术进行交流时，用户可能会更加专注于自我。由于他们关注的逻辑焦点——他们正在交谈的人，实际上并不在眼前，他们可能会将更多的注意力转向内部，并暂时忘记了另一个人的存在。威胁阿兰娜·皮尔斯的年轻男孩子真的关注她的反应吗？还是他们更喜欢互相炫耀？

60

　　在数字环境中，情感体验也会有所不同。例如，网上讨论的大部分内容都是白纸黑字写下来的，用户可以反复阅读评论和讨论。试想一下，一连串的文字信息和人与人之间的对话是什么样子的。在传统对话中，每句话一出口就会消失。但一串数字信息却可以让用户反复阅读，这种重复可以产生巨大的情感冲击。反复阅读对情感的影响会改变用户对在线表达的情感的体验强度。我曾经研究过这个问题，让受试者阅读一条或五条关于他们感受的短信。阅读短信更多的被试者会认为自己更情绪化。这可能是由于一种被称为"认知引物"(cognitive priming) 的效应，当用户反复与朋友来回发送有关其情绪状态的短信时，他们的情绪会得到强化。感觉有点心烦意乱？和朋友们发一会儿短信，你可能就会开始感到愤怒。由于在线交流具有重复性，因此在数字环境中很容易产生认知引物，这也是人们通过信息或帖子交流时情绪容易失控的原因之一。

所有这些因素都意味着，数字技术会扭曲我们的感受、我们所说的话以及我们表达的方式，因此，在网上发生的交流可能与在人际交往中发生的交流大相径庭。此外，有些类型的社交冲突、骚扰和欺凌似乎只发生在网上。其中之一就是胁迫或施压的色情短信。虽然人们通常认为色情短信是一种可能被误判但完全出于自愿（即有趣）的活动，但令人不安的是，有相当一部分色情短信发送者报告说，他们的青春期色情短信活动至少有一部分是来自同龄人持续不断的负面压力的结果。另一种可能只发生在网络上的网络欺凌行为，我称之为"虚构数字受害行为"(Factitious Digital Victimi-zation)。[2]在过去，很多此类情况被归结为自网络欺凌或数

61

字自残。这些行为是指一个人利用数字技术谎称自己是受害者。这种行为可能比较轻微，比如只是"配合"其他人报告受害情况，也可能比较极端，比如用户在网上虚假地设置了另一个身份，然后用这个身份对自己的"真实"身份进行网络欺凌。尽管约有 15%—20% 的青少年会承认某种类型的虚构数字受害行为，但大多数人不会报告更极端的行为。有趣的是，这种行为最初被认为是谎报被网络欺凌的一种方式，但在我 2017 年的研究中，大多数有这种行为的孩子报告说，他们曾谎称在学校被欺凌，而不是被网络欺凌。

应对之道：误解 6　网络欺凌就是欺凌，只不过是在电脑上

以下是我经常对孩子和专业人士使用的一个练习。口语中的"我没生气"是什么意思？伴随着愤怒的语气，它的意思显然是"我很生气"。伴随着友好的语气，它的意思就更直接了——你真的没生气。

想象一下这句话的不同打字或书写方式。句末的句号会如何改变这句话的语气？如果使用大写字母，信息会有什么变化？笑脸表情符号会改变信息本意吗？

这次对话的目的并不是要给出明确的答案。脸红表情符号对不同的人有不同的含义。练习的目的是鼓励孩子们开始思考对话的语气，以及语气传递了多少信息。

参考文献

1. Barreto, M. (2014). Teacher's text dangerously misunderstood. AOL. http：//www. aol. com/article/2014/ 10/07/teachers-text-dangerously-misunderstood/20973830.

2. Howells, K. (1995). Factitious victimization： a forensic variant of Munchausen's syndrome？ *The Journal of Forensic Psychiatry* 6 (3)： 601—605.

第 8 章

误解 7　欺凌和网络欺凌是两个不同的问题

　　二十五年以前，我还是个学生，有一天父亲突然生气地打电话问我为什么要买摩托车，而且还是用他的信用卡买的。我记得他的声音里透露着怀疑和愤怒，因为（他知道）我从来没有开过摩托车，也从来没有丝毫透露过要拥有一辆摩托车的意图，事实上，我是个太谨慎的人，从来没有这样做过。我向他保证，我甚至不知道他的信用卡号，并提醒他，我对拥有一辆摩托车没有丝毫兴趣。我们立即怀疑是被诈骗，而且是非常大胆的诈骗。因为那是一个比较纯洁的年代，有人用他人的信用卡购买如此大件的物品，我真的感到非常震惊。最终的解释是，摩托车店盗刷了 7 000 美元的费用，在那个年代，这种做法相对还不那么为人所知。当然，我爸爸的信用卡号被盗了。那时候，我们习惯于认为盗窃更像是一种动手犯罪，但这次没有人靠近他，也没有人扒他的口袋，更没有人让他举起手来。小偷始终未落网。

今天，我们知道偷窃行为既发生在现实生活中，也发生在网上。不过，一般来说，偷窃行为往往发生在当面或网上，但并不经常同时发生在两种场合。说到当面偷窃，我们可能会想到有人被抢劫或入室盗窃。而在网上，他们的身份可能会被盗用，盗用的是社交媒体上的信息，或者是商店无意中泄露的信用卡号。小偷可能从来没有靠近你，但可以在网站上疯狂购物（甚至可能是销售摩托车的网站）。

欺凌是否也是一种违法行为——要么发生在学校，要么发生在网络上，但不会同时发生在两个地方？当然，我们使用的语言似乎假定这两个领域之间存在某种不可逾越的屏障。2018 年，当我研究被欺凌的儿童时，略低于一半的儿童表示，没有成年人（甚至是他们的父母）询问伤害是不是通过社交媒体或其他数字通信发生的。主流假设似乎是两者相互隔离。预防欺凌的研究人员和专家经常争论欺凌和网络欺凌的影响，好像它们很少有交集，是截然不同的，以至于学校里的社交残忍行为不会对网上的社交残忍行为产生任何影响（反之亦然）。

不仅仅是发生欺凌的地方通常被认为涉及两个不同的时空，欺凌者也被认为是两类毫不相干的群体。我们都知道，校园欺凌发生在相互认识的孩子之间。就女生而言，欺凌往往发生在实际上是（或曾经是）朋友的女生之间（这也是女生之间的欺凌比男生之间的欺凌危害更大的原因之一）。尽管欺凌是现有关系中有机的组成部分，但网络欺凌往往被视为由生活在地球另一端的陌生人所为。诚然，媒体报道中披露的一些最严重的网络欺凌案例确实涉及非本地的陌生人。一位名叫阿曼达·托德（Amanda Todd）的年轻女孩在一个令人痛心的悲剧案例中自杀身亡，原因是一个陌生人说服她袒胸露乳，并在她拒绝了他的勒索企图后，将照片曝光在社交媒体上。少女梅根·梅尔（Megan Meier）也是在互联网上认识了一个假扮成友好男孩的陌生人，后来得知"他"（实际上是一名成年女性）残忍地背叛了她，因而令人心碎地自杀身亡。这些故事令人难以忽视，也反映了一种非常原始的恐惧：我们的孩子可能本来过得很好，但如果一个致命的陌生人出现，一切都可能改变。

65

鉴于这些问题的突出性——我们看到了无数个这种特殊类型的陌生人、网络欺凌、校园欺凌发生的场景，不难理解为什么很多人会认为大多数欺凌都只是其中一种类型。也许网络欺凌与校园欺凌关系不大。

但是，如果你再深入一点，你就会发现不同的情况，而且不仅仅是在研究结果中。即使在涉及网络陌生人的案件中，学校同学的行为（或仅仅是当面）似乎也常常对结果起着决定性作用。欺负阿曼达·托德的不仅仅是网上的陌生人，她学校的同学也对她落井下石——而且是相当恶毒的。

丽贝卡·塞德威克（Rebecca Sedwick）从一座废弃的高塔上跳下自杀的事件引起了全世界的关注，她曾指名道姓地说，她学校里的两名女生是折磨她的人，无论是当面还是在网络空间。与我们可能对涉及网络陌生人的案件持有的成见不同，这两个女生据称在学校和网络上都欺负过她。经仔细研究，大多数涉及自杀的案件似乎都涉及受害者熟知的人在多个领域实施的多起残忍事件。毫无疑问，我们可以从这些案例中学到一些东西。我们知道可能会出现什么样的问题，伤害会有多大。但是，是研究数据（而不是个案）向我们揭示了不同类型的悲剧到底有多频繁。如丽贝卡·塞德威克的遭遇，在学校和网络空间等多种场合受到欺凌，是不是更典型的经历？还是说欺凌更像常见的盗窃，通常要么发生在家里，要么发生在网络空间，但不会同时发生在两个场合。如果你的孩子受到网络欺凌，网络欺凌者是成人的概率大，还是学校的其他孩子的可能性大？

　　让我们先来看看欺凌和网络欺凌的区别。有的事件只发生在学校，有的只发生在网上。也有一些事件同时发生在两个场所。决定欺凌发生地点的最常见因素似乎是涉事儿童的年龄。利用 2017—2019 年收集的 2 596 名 8—18 岁儿童的数据，我比较了年龄较小和年龄较大的被欺凌者的欺凌发生地

66

点。近三分之二（61%）的年龄较小的孩子表示只在学校受到过欺凌，而在青少年中，这一比例仅为41%。但在童年和青春期年龄段之间，网络欺凌几乎翻了一番，29%的低龄儿童和58%的青少年都曾在网络上受到欺凌（每个年龄段的被欺凌者中都仅有很少人只受到了网络欺凌）。这些数字表明，欺凌和网络欺凌在某种程度上是分离的。如果欺凌只发生在一种环境中，受害者年龄很小，这个环境更有可能是在学校。但随着孩子们的成长，欺凌和网络欺凌越来越有可能相互交织在一起。

从实用的角度来看，这是有道理的。数字通信只是与朋友交谈和互动的另一种实现方式。在学校或网络上发生的任何社交互动（积极的或消极的），似乎都有可能在"另一个"地点再次发生。试想一下，如果有人在学校受到欺负，然后周末在商场看到了欺负他的人。再试想一下，欺凌者在看到他们在学校里惯常欺负的受害者时，很可能会说些什么？数字通信也不例外。如今的欺凌行为可能只从网络空间开始，欺凌者在学校里四处游荡，想知道哪个（或哪些）孩子是合适的攻击目标。或者，攻击可能从学校开始，然后迅速在网上传播，其他孩子可能会谈论或延续它。在一个领域发起的流言蜚语往往会扩展到另一个领域。前期的行为会影响后期的行为，如果你刚在学校被嘲弄了一番，一条刻薄的短消息要比出现在你手机屏幕上的无任何背景的短消息更具杀伤力。

67

随着孩子们的成长，他们在数字互动中受到的影响也越来越大。但这种日益增长的影响主要来自陌生人还是熟人呢？在我的研究中，大多数读高中的孩子都表示，他们通常在网上交往的人都是他们在"现实"生活中认识的孩子 [尽管人们对互联网上的匿名问题付出了很多努力（这的确是个问题），但匿名作为一种武器的使用频率并不像很多人想象的那么高]。即使是网络欺凌，大多数青少年（约四分之三）也说他们知道网络欺凌者的身份。男孩和女孩最常提到的网络欺凌者是他们学校的孩子。其他调查结果也表明，知道欺凌者的网络欺凌受害者也不是孤立的。想想几乎所有的虐待案例：施暴者通常是受害者认识的人，而且往往是受害者非常熟悉的人。

一个有趣的问题是，为什么陌生人对孩子进行网络欺凌比熟悉的欺凌者更可怕？在我的研究中，当孩子们被朋友欺负时，比起被一个他们几乎不认识的人（熟人）欺凌，他们会表现得更加脆弱。对其他类型互动的研究也发现了类似的模式——如果对你施暴的人是你认识并信任的人，那么，伤害就会更大。与此相反，其他针对儿童如何应对在网上怂恿他们的陌生人的研究则发现这种情况下儿童受到的创伤较小。在一项研究中，孩子们被问及他们如何应对陌生人在网上的怂恿。约有三分之二（66%）的孩子表示，他们将自己从这种情况中解脱出来或屏蔽了冒犯者；另有 16% 的孩子警告犯罪者停止这种行为；还有 11% 的孩子根本不理会对方的怂恿。[1] 所有这些都表明，我们需要将其视为网络麻烦最大制造者的不是陌生人，而是我们认识的人。然而，我一直看到有人抵制这种观点，我想我明白其中的原因。把我们所有的朋友和亲人都视为潜在的施暴者，实际上会让这些关系变得毫无意义。在某种程度上，我们必须把自己置身事外，相信我们关心的人也会回过头关心我们。即便如此，各地的父母们或许可以对网络妖魔（Internet Bogeyman）的威胁少一点焦虑，或许可以多一点关注孩子与朋友和熟人之间的社交。

68

应对之道：误解 7　欺凌和网络欺凌是两个不同的问题

　　实际情况：欺凌事件往往同时发生在学校和网络上。对青少年来说更是如此。

　　这些研究成果有何实际意义？凡事预则立，不预则废。让我们来和孩子们谈谈网络欺凌、网络欺凌与校园欺凌之间的相互影响，以及哪些人真正有可能成为网络欺凌者。你的孩子很有可能已经知道，大多数网络欺凌者都是学校里的其他孩子，而且网上发生的事情与学校里发生的社交事件相互交织。但是，即使他们对这些问题了如指掌，谈论这些问题仍然很有价值。当孩子们意识到这些陷阱时，即使真的发生了，他们也不会受到太大的创伤，而且每一次谈话都会增加思考和认识。重点不是教孩子们不

信任他们的朋友，而是让他们意识到，在网上发生或开始的争吵可能会一发不可收拾，而且有一些方法可以解决与朋友之间的问题，而不会触发数字形式的"第三次世界大战"。

参考文献

1. McPherson, T. (ed.) (2008). *Digital Youth, Innovation, and the Unexpected*. The John D. and Catherine T. Macarthur Foundation Series on Digital Media and Learning. Cambridge, Mass：MIT Press.

第9章

误解8 大多数成年人无法帮助孩子解决电脑或互联网问题，因为孩子懂得更多

在我的大儿子5岁左右时，我第一次在电脑前被打败了。我们试图一起浏览的一个网页无法正常打开，小家伙建议我换一个浏览器。这是一个很好的建议，他是对的。成功了。

当你第一次遇到孩子知道而你不知道的事情时，你总是会感到惊讶。但如今不同的是，几乎所有的孩子似乎都在数字技术这一专业领域表现出优势，而且许多孩子似乎始终保持着这一优势。现代育儿故事中充斥着这样的故事：孩子们毫不费力地在电子技术上超越了父母，轻松绕过了父母试图阻止使用电子产品的不堪一击的尝试。父母们庆幸自己每晚

九点准时关闭了无线网络，却发现他们的儿子在使用邻居的无线网络；父母们在晚上没收了女儿的手机（我经常建议父母这样做），却发现女儿把手机的 SIM 卡（连接手机和网络的芯片）插入了另一部旧手机，并继续给朋友发送短信到深夜。几年前，家长们经常告诉我，他们认为"iPod 只是用来听音乐的"，却不知道孩子们可以用它像手机一样给朋友发短信和聊天（只要有无线网络）。

孩子们对技术的了解与欺凌和网络欺凌有什么关系？事实证明，都有关系。

网上普遍存在的误解经常导致网络欺凌事件的发生。网络问题反过来又会给学校带来问题——包括欺凌。在我的研究中，那些在网上成为更严重问题的受害者的孩子们（如被迫或被胁迫发色情短信），在数字环境中与同龄人交流时更有可能遇到一系列问题。在当今孩子的儿童和青少年阶段，线上问题和线下问题之间有着深刻的联系。然而，家长们往往认为，如果自己在数字技术方面的技能不过关，就无法在这方面为孩子提供帮助。

认为孩子们"天生"就会熟练使用数字技术，这种观念非常顽固。我经常听到有人说，孩子们是"伴随着电子产品长大的"，言下之意，我们成年人应该举手称降。说他们是"数字原住民"确实没错，但接触一种技术长大，并不能说明他们为什么能如此熟练地使用其他更新的技术。一个在电脑前长大的青少年可能对类似的电脑了如指掌，但为什么孩子们似乎更善于使用我们从未见过的全新技术呢？这不仅仅是你的困惑。加利福尼亚大学的研究人员发现，年轻人确实具有某些特质，使他们更善于理解全新的技术。基本上，随着我们的成长，所学知识的积累会让我们在学习新知识和快速下结论时更加谨慎。加利福尼亚州的研究人员想出了一种新颖的方法来验证"年轻的大脑在学习新事物时遇到的问题更少"这一观点。他们安装了一列电玩火车，火车可以通过交通信号灯启动或停止，但他们把信号灯调换了，绿色表示"停"，红色表示"走"（与我们的交通信号灯恰恰相反）。然后，他们让大学生和学龄前儿童（四五岁）来学习新系统。年龄较小的孩子很快就学会了如何控制火车，但大学生却觉得困难得多。他们的生活经验让他们联想到绿色是"走"，而更难学会红色是"走"的颜色。生活经验可以帮助我们应对困难，但也会妨碍我们的学习，尤其是在面对不同的新环境或新事物时。对于研究中的孩子来说，生活经验的缺乏使他们能够快速学习新的随机关系，他们也更容易将这些关系应用到新的环境中。

71

听起来耳熟吗？

在学习新技术方面，年龄越小、经验越少的人可能做得越好。有时候，我觉得大人并不介意孩子懂得更多——事实上，这还会让我们为孩子感到骄傲。但说到数字技术，观察他们对技术的驾轻就熟实际上会让我们得出两个错误的结论：第一，对技术的驾轻就熟等同于对技术相关的所有技术和社会问题都了如指掌；第二，家长作为"技术较差的群体"，在帮助孩子学习使用技术方面没有任何作用。这两个结论都不一定正确，而且都会导致成人放弃自己的指导作用。

但说到欺凌和网络欺凌，关键的技能并不是你能多快学会一个新的应用程序，而是你能多好地进行社交互动——理解其中的细微差别，并对其后果深思熟虑——这才是真正重要的。因此，帮助孩子思考他们在网上写什么、发什么信息、发什么帖子，以及这一切会对他们的人际关系和社交生活产生怎样的影响，不仅与你息息相关，而且至关重要。

可以这样想：在利用技术进行交流时，需要培养多种技能。学习使用通信技术不像学习使用洗碗机。要使用洗碗机，你只需学会按什么按钮，仅此而已。但使用通信技术则需要在习得这些基本技能之前具备另一种能力：了解通信在数字环境中是如何变化的。你必须学会按什么按钮来发送信息，但你也必须学会如何传达你真正想表达的意思，这样你才不会被误解。你必须学会如何预测你的交流所产生的影响，并预先作出相应的调整。你已经知道，收到一封纸质信件、收到一封电子邮件和面对面交谈之间是有区别的，即使它们都是同一个话题。为什么一个当面讲起来很好笑的笑话，放到网上就不好笑了（甚至可能是冒犯性的）？为什么数字对话会变得更加情绪化？当你在网上与人面对面交谈时，你能在多大程度上相信你可能感受到的亲密关系？

在学习如何使用设备方面，孩子们可能更胜一筹，但根据我的经验，在理解数字环境中的交谈与人际交往不同方面，成年人通常要好得多。因此，我们不要把孩子和洗澡水一起倒掉。当一个新的小工具软件需要与云空间的数据同步时，你可能不是最好的人选。但如果你的儿子想确保他在网上发布的信息能够传达给他感兴趣的女孩，你的见解可能正是他所需要的。如果你的女儿因为朋友发来的一条看似刻薄的信息而感到受伤和困惑，你在交友和偶尔发生的误解方面的经验就能真正帮助她。在我的研究中发现，孩子对科技通信对生活的影响，而不是如何使用，理解程度不高。

你可能会认为，如何传达你真正想要表达的意思完全取决于常识和生活经验。的确，在这个问题上，常识和生活经验可以让你走得更远。但是，关于数字环境中的沟通，还有一些事实是我上文讲到的那样。我的几项研究都表明，例如，重复性的数字信息（就某一对话主题来回发送信息）往往会加剧情绪状态，而不是缓解情绪状态。让我们设想一下，如果你对你最好的朋友感到恼火，你给其他朋友发信息诉说你的感受。如果他们支持你，这种感觉很好。问题是，反复阅读和书写你的恼怒，实际上会让你的情绪变得更糟，

73

直到你感到非常气愤，而不再是简单的消气。许多成年人都有生活经验，知道自己对某人感到恼怒时，最好、更可靠的解决方法就是与对方面对面地交流。与直面和解决问题相比，我们花在与他人交谈或在脑海中咀嚼问题上的时间让我们明白，采取简单但迂回的解决途径是徒劳无益的。当你心烦意乱时，当面交流的作用是无法替代的。

然而，孩子们并没有这些生活经验，他们仍然在寻找更简单的方式来让自己感觉好起来。当然，他们可以与朋友面对面交流以获得情感支持——他们也确实这样做了——但在数字手段唾手可得的情况下，他们可能会选择最快的沟通方式。你可能知道，面对面与朋友交谈对他们更好，但他们可能认为，发短信给朋友寻求支持也一样好。得到朋友的关心和鼓励确实感觉很好。孩子们没有意识到的是（你可能直到现在才意识到），反复阅读和书写他们的感受，最终会让他们感到越来越沮丧。如果他们感到越来越沮丧，他们可能会认为他们最初的沮丧源头就应该受到责备。孩子们不太可能对自己说："哎呀，这种重复的技术真的刺激了我的情绪。"相反，他们只会对朋友更加生气，而他们的朋友可能也不明白，为什么他们的愤怒似乎与面临的问题完全不相称。

在线交流与现实相比还有其他方面的变化。如果你坐在一个私密的空间里（比如自己家里），你会更容易感觉到你正在做的事情是真正私密的（后文将详细介绍）。而在线交流时，除非你使用 Skype 或 Facetime 等视频通话工具，否则很容易误解别人的意思，因为你无法看到他们的面部表情、肢体语言或语气。在交谈过程中，如果没有另一个人在场，你很容易忘记关注他们的反应（当他们在场时，你会本能地关注他们的反应）；相反，你可能会过度关注自己对自己行为的看法。因此，一个小男孩可能会忘记自己公然蔑视女性的言语冒犯了一个女孩，反而可能会认为："我是不是看起来很有趣、很酷？"

74

关键的似乎是要明白，使用技术进行有效沟通并不是与生俱来的，而是必须培养的技能，这通常意味着要有意识地消除很多关于沟通的常见观念。例如，他们不一定会明白你是在开玩笑；或者，这可能让人感觉很亲密，但其实并不像感觉上那么私密；别人可能不在你身边，但他们仍然有感情。怎么将你写的东西传达给他们呢？

> **应对之道:误解 8　大多数成年人无法帮助孩子解决电脑或互联网问题,因为孩子懂得更多**
>
> 技术技能可分为两个基本类别：如何使用设备，以及如何使用该设备进行交流。任何一种技能的缺失都可能导致网络欺凌，或者让人误以为自己是网络欺凌的受害者，其实不然。
>
> 作为家长，你可能觉得自己在第一类技能方面能力有

限，但在第二类技能方面，你可能是无价之宝。和孩子们谈谈他们看到或听到的别人误解他人的情况。发生了什么，有没有更好的方法来处理这类情况？是否在某些情况下，技术是处理事情的好方法，而在某些情况下，面对面交谈会更好？

第 10 章

误解 9　高中毕业后，欺凌和网络欺凌就戛然而止

第一年过得很艰难。被关进了一套全是女孩的公寓,同住的女孩真的很讨厌。她们排挤我,忽视我,每天对我视若无物。她们对我大喊大叫,结伙攻击我,觉得我一无是处。再见,我要选择一帮好人去合住啦。[1]

——夏洛特(Charlotte),20 岁

他在脸书上写下了这张便条,离开大学宿舍,把钱包和手机丢在乔治华盛顿大桥 (George Washington Bride) 上,然后跳了下去。随后,半夜里,每个家长都害怕的电话打来了——警察告诉他们,他们的孩子发生了可怕的事情。对约

瑟夫 (Joseph Clementi) 和简·克莱门蒂 (Jane Clementi) 来说，2010 年深夜的那通电话，把他们从沉睡中唤醒，并向他们告知了他们的儿子刚刚从乔治华盛顿大桥上跳下的可怕事实，可能已经死了。随着案件的展开，很显然，他们儿子泰勒 (Tyler Clementi) 的同伴一直在网上曝光他的私生活，最后变成羞辱，这可能最终促使他选择自杀。泰勒的大学室友曾在推特上发出消息，称看到泰勒"和一个花花公子亲热"。在秘密使用网络摄像头瞥见幽会后，这位室友通过邀请其他人通过"观看派对"平台欣赏泰勒的约会——这就是泰勒所使用的在线邀请平台。尽管观看派对从未实现过，但伤害已经造成。泰勒·克莱门蒂并不是一个还在上高中的弱势青少年，在网上折磨他的也不是一个 15 岁少年。参与这起不幸案件的每个人年龄都比较大，都是罗格斯大学的学生。据称，泰勒·克莱门蒂在跳桥前看到的最后一件事是其他人在互联网上取笑他的帖子和评论。[2]

我们本以为欺凌是一个高中毕业后就会戛然而止的问题，但法理上的成年并不能保证泰勒的同龄人不会残忍，也不会教会他以某种方式学会不在乎。在没准备好宣布自己的性取向之前就暴露自己是同性恋，这在任何年龄都是毁灭性的。但我们倾向于认为，在经历了一些青少年所经历的高中社交挑战后，大学生将有能力抵御任何社交攻击。如果他们做不到，那肯定没关系，因为成熟可能会给青少年欺凌者增加一定程度的体贴和顾虑。欺凌是一种我们倾向于将其与不成熟和轻率联系在一起的行为。

但如果你真的观测大学里的欺凌和网络欺凌，你会发现这个问题在大学肯定存在，而且受害者往往仍然很脆弱。2018年，我所调查的大约26%的大学生表示，他们在大学期间曾遭受过骚扰、欺凌、网络欺凌或与同龄人间的类似问题。有些问题发生在室友或同学之间，或者约会的年轻成年学生之间。在我调查的学生中，超过三分之一的人表示，他们在高中或大学时与约会对象约会或分手时有过类似问题。在课堂上，我的一个学生辛酸地写下了她高中后的约会经历：

我21岁时和一个来自另一个州的人约会。我们住在相距几个小时路程的地方，我犯了一个与阿曼达·托德类似的错误。我让他给我拍照，不想让别人看到的那种，我认为我恋爱了，不会发生什么坏事。每个人都有天真的时候，我就是这样。我认为他有这些照片没关系，因为我们没有像我们希望的那样经常见面，他爱我，所以他永远不会伤害我。最终，我们分手了，然后，他开始给我发恐吓邮件。他给我发短消息，说他会把这些照片放在网站上，让全世界都看到。他告诉我，如果我不去看他，他会给大家看。一开始我很害怕，不知道该怎么办，所以我去看他，假装还喜欢他，这样他就会冷静下来。

大学里的欺凌、网络欺凌和色情短信并非空穴来风。在2014 年的一项调查中，我发现，那些在高中时也曾遭受过欺凌或网络欺凌的学生，在大学里出现此类同伴问题的风险最高。超过三分之一的高中受害者，高达 43%，在大学里也受到了类似的伤害。相比之下，在高中与朋友有打架经历的被试者，有 21% 在大学被欺负或网络欺凌。可能是早期的欺凌导致了更严重的情感脆弱，从而使大学生更容易成为攻击目标。一项针对上述因素的研究直接发现，在高中受到欺凌的大学生可能会有更多的情绪斗争，但在大学里并不总是受到更多的欺凌。[3] 一项类似的研究指出，受到欺凌的学生的生活质量普遍较低。[4] 这并不意味着欺凌受害者注定会过上不快乐的生活，但这可能意味着，当他们上大学或开始新工作时，他们将需要更多的社会支持。同样值得指出的是，欺凌不仅仅是同伴针对同伴。感到被高中老师欺负的学生也更有可能被大学教授欺负。[5]

尽管如此，重要的是要记住，在大学期间，欺凌和网络欺凌的受害者似乎在下降。大学里的大多数事件仍然发生在网上——超过三分之二的事件部分或完全是通过数字媒介发生的，但总体而言，频率明显下降。人们确实长大了。受害者往往变得更有韧性，欺凌者可能变得更加成熟，甚至更加敏感。但欺凌和网络欺凌问题可能会持续到高等教育阶段和成年时期。

78

> **应对之道：误解 9　高中毕业后，欺凌和网络欺凌就戛然而止**
>
> 　　对于今天的父母来说，孩子高中毕业后可能会让你松一口气，认为青春期的社交剧已宣告结束。但数据表明，这种情况可能会持续下去，对于那些在高中时就在社交中挣扎的人来说，这种情况更可能持续下去。十二年级后再讨论社交活动的改善方式也是完全合理的：在大学里，会遇见很多人，而且都是新人。同样，在工作中，从社交角度来说，也可以有一个新的开始。但当你的年轻成年子女在这些新领域中初航时，也要谨慎地与他们交谈，看看社交进展如何，并确保他们在尝试展开翅膀时仍有家人在背后鼓起一股清风。

参考文献

1. Bullying UK. (n. d.). Bullying at university. Family Lives. https：//www.bullying.co.uk/general-advice/bullying-at-university/ (accessed 5 December 2019).

2. Knapp, K. (2015). Family of Tyler Clementi visits Princeton, talks to Corner House student leaders about anti-bullying campaign. Planet Princeton. http：//planetprinceton.

com/2015/08/14/family-of-tyler-clementi-visits-princeton-talks-to-corner-house-student-leaders-about-anti-bullying-campaign.

3. Holt, M. K., Green, J. G., Reid, G. et al. (2014). Associations between past bullying experiences and psychosocial and academic functioning among college students. *Journal of American College Health* 62 (8), 552—560. https: //doi.org/10.1080/07448481.2014.947990.

4. Chen, Y-Y. and Huang, J-H. (2015). Precollege and in-college bullying experiences and health-related quality of life among college students. *Pediatrics* 135 (1), 18—25. https: //doi.org/10.1542/peds.2014-1798.

5. Marraccini, M. E., Weyandt, L. L., and Rossi, J. S. (2015). College students' perceptions of professor/instructor bullying: questionnaire development and psychometric properties. *Journal of American College Health* 63 (8), 563—572. https: //doi.org/10.1080/07448481.2015.1060596.

第11章

误解 10　网络欺凌通常是匿名的

网络欺凌者可以隐藏在匿名的网络面具背后,不需要直接接触受害者就可以造成难以想象的伤害。——安娜·玛丽亚·查韦斯(Anna Maria Chavez)

网络欺凌就是欺凌。躲在漂亮的屏幕后面,并没有减少仇恨,文字也有力量。——匿名者

当匿名时,你很容易变得刻薄。有很多人没有能力当面说出他们在网上做什么。但你不能听一个你甚至不认识的人的话。朋友和家人的意见很重要,但你不能听一个对你来说无足轻重的人的话。——布伦丹·杜林(Brendan Dooling)

《教育技术评论网》[1]

2014 年，最热门的新应用软件之一是一款名为 Yik Yak 的消息发布软件。使用 Yik Yak，任何人都可以在网上发布评论，在 5 英里内使用该应用软件的任何人都能互相看到。Yik Yak 吸引人的秘密并不在于它的视觉设计或区域范围。它之所以崭露头角，是因为它不要求用户登录或登记自己的姓名或电子邮件地址。换言之，它提供了表面的匿名诱惑。我之所以说是表面的匿名，是因为用户的其他身份信息（如 IP 地址[2]和位置信息）仍然在被收集，即使他们没有意识到这一点——大致上都没有意识到这一点。我称之为 J. C.的一名年轻足球运动员在他于 Yik Yak 上发布威胁要炸掉自己的学校的事件中，发现了上述情况。他可能觉得自己很有趣，而且几乎可以肯定的是，他相信自己的威胁是无法被追踪的，但警方通过电子方式收集到他的身份信息，准确定位，并逮捕了这名年轻人。网站往往也直接警告用户，不应该在没有预估后果的情况下发布威胁。尽管如此，许多人仍认为网站的伪匿名性使用户基本上可以发布任何关于其他人的内容，而不会产生任何后果。

Yik Yak 并不是一个怪胎。提供伪匿名的社交媒体应用程序不时出现，许多应用程序的使用已成为流行趋势。不难想象，一名青少年会觉得提出一个无需承担后果或逃避社会规则阻碍的问题很有趣。你可以问你的朋友，为什么年复一年，她总是给每个人送那些恶心的饼干当作圣诞礼物，而从来没有人吃过。你可以问你的表弟，为什么他没有意识到他的发型看起来有多糟糕。你可以告诉别人你暗恋他。更恶毒的是，你可以问一个令你生气的朋友，他是否意识到他是一个多么愚蠢的人，没有人真正喜欢他。这些应用程序上的消息并不总是又傻又天真。匿名可以而且现在也被用来伤害他人。但很多人都被这样一种想法所吸引，即能够告诉世界他们的老板或老师可能是个混蛋，而又不会因此失去工作或陷入麻烦。当然，正如许多案例告诉我们的那样，网上匿名的看法通常只是这样——一种看法而已。J. C.只是众多因其 IP 地址泄露而陷入法律纠纷的人之一罢了。

在互联网出现之前，匿名是一件很麻烦的事情，但也可能是一件好事。快速浏览一下经典电影，就会找到相关技术：要创建匿名信息，必须从杂志上剪下单词或字母，把它们黏在一起，然后在夜深人静的时候溜到受害者家里，偷偷把信塞进邮箱。即使是打字也可能因亲手输入的信件而带来麻烦，使用美国的邮件系统是不可能的，除非你愿意穿越大陆来亲自投递。很明显，让匿名变得更容易（也就是说，将其数字化）增加了能够轻松、快速地说任何话或问任何人任何问题的吸引力，而不会招致任何反驳或后果。即便如此，我们还是应该小心。尽管技术已经使这种情况成为现实，但其恶劣的负面影响随之而来。网络欺凌只是其中一种可能性。像 J. C.这样的炸弹威胁将会是持续存在的问题。美国国家学校安全和安保服务局（The National School Safety and Security Services）花了六个月的时间来研究学校威胁，发现超过三分之一的威胁是通过社交媒体、电子邮件或短信传播的。[3]

匿名和网络欺凌之间的联系是我们在这里特别感兴趣的，多年来人们一直在猜测这一点，甚至在网上隐身的趋势真正引起关注之前就开始了。如果一个人认为自己是匿名的——也就是说，如果他们认为自己无法被识别或无法被与自己的行为联系在一起——他们似乎就更有可能以非法或反社会的方式行事。葛底斯堡学院（Gettysburg College）的研究人员对一组大学新生进行了四个时间点的跟踪调查。他们发现，那些更相信自己在网上匿名的学生，在实施网络欺凌的时候更倾向于选择较迟的时间点。[4]

这类研究很容易得出这样的结论：如果匿名导致更多的网络欺凌，那么匿名一定是网络欺凌的主要原因。但在网上匿名的程度实际上可能只是欺凌的一个不同寻常的推动力，其他研究也表明，许多（也许是大多数）网络欺凌案件可能与匿名并无关系。这样想吧：如果你开车时方向盘掉了，你几乎肯定会撞车。因此，方向盘断开和碰撞之间的联系很强，但大多数碰撞与方向盘故障无关。同样，我们可能会看到匿名与网络欺凌密切相关，但这并不意味着匿名是网络欺凌最常见的原因之一。

84

　　不幸的是，匿名和网络欺凌之间的联系使人们普遍认为网络欺凌者是懦夫，他们通常在网上隐姓埋名。但一些证据与这一观点相左。首先，最近匿名应用程序的增加并没有导致网络欺凌案件的相应增加——事实上，近年来网络欺凌略有下降。如果网络匿名是网络欺凌的主要原因，更多的匿名机会应该会导致更多的网络欺凌。其次，几项研究都表明，大多数在网上经历言论或行为欺凌的孩子都知道欺凌者是谁。当我在 2014 年和 2015 年研究 451 名青少年时，发现只有 8%的网络欺凌受害者不知道他们欺凌者的身份。另外92%的人表示，他们知道谁在网上针对他们。就像传统的欺凌一样，超过一半的网络欺凌者是朋友或以前的朋友。另外三分之一的受害者认为网络欺凌者是学校里的人，尽管他们不太准确了解。社交关系更为密切的女孩更有可能将朋友或以前的朋友视为她们电子欺凌的来源。相比之下，男孩更容易认出学校里的熟人。其他研究也同样发现，大多数网络欺凌受害者似乎知道欺凌者的身份。[5]

　　我们如何将这样的数据与 Yik Yak 等匿名应用程序的流行相联系? 首先，要记住，匿名可能会鼓励残忍或轻率的言论，但这并不意味着大多数匿名言论都是卑鄙的。Yik Yak上的匿名帖子可能更多的是八卦、性或无聊，而不是不友善的。换言之，正如我早些时候指出的，更多地使用匿名应用程序并不一定意味着更多的匿名网络欺凌。我还认为，我们只是更多地注意到匿名网络欺凌，只是因为它可能更可怕。如果你的网络欺凌者是一个神秘的人，那么，穿过学校（或工作）走廊都可能会成为一种折磨人的恐吓行为。任何走过，看着你，甚至对你很好的人，都可能是那个竭力恐吓和羞辱你的人。无法信任任何人，甚至是朋友的压力可能会让你神经紧张。在青春期的社交压力锅里，这种恐惧可能会被无限放大。

然而，总的来说，就像面对面欺凌一样，网络欺凌似乎是一个通常发生在相互认识的人之间的事件。虽然匿名网络欺凌确实会发生，而且可能非常可怕，但它似乎的确是小概率的事件。

应对之道:误解 10　网络欺凌通常是匿名的

实际情况:网络欺凌者往往不是匿名的,尽管那些认为自己在网上是匿名的年轻人更有可能成为网络欺凌者。

乍一看，这个特定的误解似乎没有太多的"应对之道"。毕竟，大多数网络欺凌者并不是真正的匿名者。但可能还有更重要的一点值得思考。在当今的数字世界里，孩子们很容易被营销伎俩愚弄，以为他们的互联网使用是匿名的。一旦他们认为这样，他们可能会发布一些能迅速让他们陷入困境的东西。相比之下，了解什么是 IP 地址，以及为什么它意味着真正的完全匿名很少在网上实现，是一项很好的技能。IP（互联网协议）地址是标识设备的唯一数字。每个上线的设备都有一个唯一的 IP 地址。因此，如果你用手机拨打炸弹威胁电话，警方将能够通过追踪手机的 IP 地址来确定你是肇事者。一旦用户了解了什么是 IP 地址，以及它如何暴露谁在发送消息，就不会再愚蠢地以为自己在网上做的事情是无法追踪的，并能因此不受社会规则或法律的约束。

参考文献

1. Gupta，P.（2016）. 20 cyber bullying quotes that you must spread right now. EdTechReview. https：//edtechreview. in/news/2326-cyber-bullying-quotes（accessed 5 December 2019）.

2. IP 地址（互联网协议地址）本质上是一组标识任何联机设备的数字。每当用户访问应用程序或网页时，他们的 IP 地址都会被记录下来，并可以追踪到——这意味着该网络用户可以被识别。

3. Trump，K.（2014）. Schools face new wave of violent threats sent by social media and other electronic means, study says. National School Safety and Security Services.

http：//www.schoolsecurity.org/2014/02/schools-face-new-wave-violent-threats-sent-social-media-electronic-means-study-says.

4. Barlett, C. P. (2015). Anonymously hurting others online：the effect of anonymity on cyberbullying frequency. *Psychology of Popular Media Culture* 4 (2) ：70—79. https：// doi.org/10.1037/a0034335.

5. Lapidot-Lefler, N. and Dolev-Cohen, M. (2015). Comparing cyberbullying and school bullying among school students：prevalence, gender, and grade level differences. *Social Psychology of Education* 18 (1) ：1—16. https：//doi. org/10.1007/s11218-014-9280-8；Varjas, K. et al. (2010). High school students' perceptions of motivations for cyberbullying：an exploratory study. *The Western Journal of Emergency Medicine* 11 (3) ：269—273.

第 12 章

误解 11　网络欺凌是对情感伤害最大的欺凌

有些坏事之所以可怕，正是因为它们无法预测。我们害怕车祸之类的事件，因为我们无法真正知道它们何时或是否会发生，而且我们也无法完全避免它们的发生。即使我们从不酒驾，从不超速行驶，从不在糟糕的路况或恶劣的天气条件下驾驶，我们也总是潜在地受其他司机的摆布，因为他们可能并不那么小心谨慎。这种风险的不可预测性让人胆战心惊。

1918 年，世界经历了有史以来最严重的流感疫情。5 000 万至 1 亿人死亡，令人震惊（使其成为人类历史上最致命的事件之一）。流感是一种症状从轻微到非常严重都有的疾病，在 1918 年之前，流感确实造成过死亡。但那一年发生的流感有所不同，而且更加可怕。大多数患流感的目标人群是非常年轻和非常年老的人。它会寻找这些易感人群，而且，对他们的杀伤力特别大。但 1918 年的流感之所以恐怖，是因为它肆无忌惮地杀害年轻人和强壮的人。[1] 几个军事基地——这些地方的人都是强壮、健康的年轻男人和女人——是伤亡最惨重的地方之一。这使得这次流感与以往不同，更加令人震惊。死亡总是令人悲伤的，如果那些原本就脆弱的人生病时，死亡更容易预测。正是因为这种疾病可能会突然夺走人群中最健康的人的生命，所以让人们感到更加恐惧。

就像 1918 年的流感疫情一样，自杀是一种不可预测的可怕事件。自杀会不经意地，在毫无征兆的情况下发生。但在其他时候，自杀者都有抑郁和心理健康问题的病史。也许他们运气不佳，也许他们丢了工作或患上了可怕的疾病，或者他们只是在抑郁和焦虑中挣扎了很长一段时间，而又徒劳无功。事后看来，我们有时可以察觉到导致某人自杀的前兆。

然而，当自杀与网络欺凌联系在一起时，感觉更像是 1918 年的流感疫情。许多家长担心，网络欺凌不仅会突然发生，而且即便一个适应良好、快乐健康的儿童或青少年也可能会因此突然自残，甚至自杀。网络欺凌具有独特的破坏性，可以给人带来摧残性的打击，这种印象可能是我们听到或读到的太多将自杀和网络欺凌联系在一起的媒体报道的结果。媒体将这些故事描述为网络欺凌击垮了原本表现很好的孩子，这并不罕见。2013 年，12 岁的丽贝卡·塞德威克自杀身亡，关于她的媒体报道屡次强调，她的家人认为她过得很好，并不知道她在社交上与欺凌和网络欺凌斗争得如此激烈。较少被强调的事实是，她有长期的社交问题，受到同伴的严重伤害，一直在自残，而且几乎可以肯定的是她非常抑郁。但是，把网络欺凌描述成一个即使是最健康的年轻人也会崩溃的问题，就把网络欺凌变成了一个无情的可怕的噩梦。虽然没有父母愿意听到自己的孩子患抑郁，但在没有任何预警的情况下，因为父母都不知道的同伴活动而自杀，似乎更加糟糕。

出于同样的原因，欺凌也会让人感到恐惧，但数字技术问题更容易让人产生这种恐惧，这是因为家长们常常觉得，他们在了解孩子的上网情况方面几乎是勉为其难。如果你自己对技术都没有把握，又如何与孩子谈论网络欺凌等社交问题，以及这些问题可能对他们产生的影响呢？举个例子，有一位父亲曾告诉我，他的女儿向他保证不用担心她在 Snapchat 上发布的照片，因为"它们会消失"。他问我："消失"是什么意思？他觉得自己不了解这项技术，这让他很为难。女儿的解释让他无法安心，但他又觉得自己不够了解，无法质疑她的说法。（家长们经常会觉得自己不应该向孩子透露自己不懂某项技术，但根据我的经验，这并不是真正的缺点。让孩子教你。孩子们喜欢当专家！ 别忘了提问和抛出常识性问题。)

网络欺凌给人的感觉就像晴天霹雳，再加上总感觉自己缺乏数字技术方面的专业知识，你就会明白为什么这么多家长在深深的焦虑和无助感中挣扎。但重要的是要知道，这并不是网络欺凌的真实情况。它实际上并不遵循这种模式，至少在绝大多数情况下不是这样。虽然网络欺凌可能是一个难以预料的社交问题，但它并不总是比传统的欺凌更糟糕，而且无论在哪种情况下，自杀都是一种不寻常的结果。

两项可靠的研究可以帮助我们平息这一切。首先，虽然社交问题会给孩子们带来困扰甚至抑郁，但网络欺凌并不比其他类型的社交障碍更严重。孩子们会和朋友打架；他们会更换朋友或朋友群体；他们可能会欺负别人，也可能会被别人欺负。他们可能会变得抑郁或出现焦虑问题。这些问题都不罕见，都会造成一些或（偶尔）很大的困扰。是的，很多孩子都会受到社交创伤的伤害。但很多孩子也有很强的适应能力。孩子们可以从家人和朋友的支持中获益匪浅，他们可以学习应对技巧，帮助他们处理社交困境。就社会压力和情绪影响而言，网络欺凌与其他社会挑战相比，并没有明显的恶化或不同。这并不意味着网络欺凌不会造成伤害。但并没有令人信服的证据表明网络欺凌比其他有害的社交互动造成的伤害更大。

其次，当我们审视网络欺凌与自杀事件的关联时，我们几乎总能发现，涉事儿童先前已经在与抑郁症或其他情绪问题作斗争。正如我之前指出的，丽贝卡·塞德威克曾有过与同伴关系不融洽和自残的经历。阿曼达·托德死后，她在网上曾发出的惨烈求救信号被疯传，说明她在自杀前受到了一系列压力的影响，情绪非常低落，包括（但不限于）网络欺凌。梅根·梅尔在网络欺凌后自杀，她的母亲为她成立了一个基金会。她也曾被自尊问题、抑郁和注意力缺乏症困扰。这样的例子不胜枚举。毫无疑问，网络欺凌与自杀风险的增加有关。[2]但是（这是一个重要的"但是"），大多数遭受网络欺凌的儿童不会选择自杀。自杀是一种极端行为。当网络欺凌与其他问题，如抑郁、冲动、心理障碍等，叠加在一起时，自杀的可能性就开始从阴影中悄然显现。

因此，网络欺凌与自杀之间的关系也许并不是那么直接。相反，这种间接的联系也许提醒我们，需要更好地了解网络欺凌和欺凌是如何以及何时导致抑郁症等问题的。我们知道，有些孩子能够摆脱欺凌和网络欺凌，而有些孩子受到的影响要大得多。我和其他人所做的研究发现了一些行为，这些行为似乎可以帮助孩子们提高承受力。当孩子们能够与父母和家人倾诉烦恼时，承受力就会增强。当他们的家庭陷入离婚或药物滥用等问题时，承受力就会减弱。当孩子们觉得自己与朋友关系亲密，可以依靠他们时，承受力就会增强；当他们与朋友经常争吵时，承受力就会减弱。当孩子们

91

觉得在学校里有一个他们喜欢并可以向他倾诉的成年人时，承受力就会增强；当他们感到孤立无援和情感孤独，没有成年人可以倾听他们的烦恼时，承受力就会减弱。

在成长过程中，在社交中遭到拒绝并不是一件罕见或不寻常的事情。虽然大多数父母都希望孩子们能避免这种经历，但并没有完全规避社交伤害的方法。与其试图给孩子们创造一个没有人对他刻薄的世界，不如通过朋友、家人和其他人的社交支持来加强他们的心理健康，这样当问题出现时，他们就会有足够的承受力来成功应对。

应对之道：误解 11　网络欺凌是对情感伤害最大的欺凌

抵御欺凌和网络欺凌的关键在于社交支持，但并不是所有的孩子都能得到同样程度的帮助和鼓励。如果你的家庭关系紧张，你可能会觉得自己几乎无法控制事态的发展。尽管如此很容易被问题所困扰，不要忘记了这些困难会让孩子们感到多么脆弱。即使你的孩子看起来很好地处理了家庭问题，也要花时间"检查"一下，看看他们对生活的总体感觉如何。和他们一起吃晚饭，问问他们在学校过得怎么样，朋友们都好吗。开车送他们去某个地方时，或者一起坐火车或公交车时，聊聊天。询问他们的交友情况和技术使用情况，如果你不了解他们所说的技术，也不要担心。提问，直到你弄明白他们在说什么为止，用你的生

92

活经验和常识来质疑他们的假设。

例如，"我知道你说 Snapchat 上的图片会在一两分钟后消失。但有什么办法能阻止别人在图片可见的一两分钟内复制图片呢？"

如果你的孩子最棘手的问题是与同龄人的关系不融洽，该怎么办？建议成年人鼓励孩子之间建立相互支持的友谊，这固然不错，但如果你的孩子几乎没有（或根本没有）朋友呢？有时，在非常规的地方寻找朋友会很有帮助。有些孩子即使在学校独来独往，但在校外结交朋友也会让他受益匪浅。可以考虑鼓励在夏令营、课后活动和体育运动或宗教活动中建立友谊。即便是网友也能给被孤立的孩子带来极大的安慰，但也要温和地鼓励这些孩子继续寻找现实中面对面的朋友。

最后，社交孤独的孩子可以从学校里的成年人那里得到很多支持。如果你的孩子在社交方面感觉不到同伴的支持，请让学校辅导员告诉他，他们可以随时前来倾诉。孩子可能永远不会利用这个机会，但只是知道有人在那里恭候，就会有很大的帮助。

参考文献

1. Wikipedia. (2019). Spanish flu. https：//en.wikipedia.org/wiki/Spanish_flu.

2. John, A., Glendenning, A., Marchant, A. et al. (2018). Self-harm, suicidal behaviours, and cyberbullying in children and young people：systematic review. *Journal of Medical Internet Research* 20 (4)：e129. https：//doi. org/ 10.2196/jmir.9044.

第 13 章

误解 12　欺凌者都有情绪问题

这个女孩在高中和初中时一直折磨我……当然，我很痛苦，我爸爸会试着让我开心起来，"别担心，孩子。最终她也只可能在麦当劳找份工作，为你端薯条"。

高中毕业几年后，我和爸爸去哈迪餐厅，柜台后面就是麦当劳。我上前点餐，还没点完她就说："你不记得我了，对吧？"

"哦，我记得你。"

"哦……那么，你要薯条吗？"

"当然要。"

干得好，爸爸。提前九年就知道结果了。

——一位 Reddit 上的用户，2014 年

欺凌者可能会展示他们的肌肉，但最终注定要比受害者弱小，即使只是在不太显著的方面，这种想法令人欣慰。在传统观念中，欺凌者通常被认为是身材高大强壮，但学习成绩差、心理发育不良的男孩。他们欺负别人是因为他们暗恨自己，自尊心差，需要在社交上占据主导地位来掩盖自己的不足。这种刻板印象在数十部书籍和电影中都有所描绘。

这是一个令人欣慰的陈词滥调，因为它将刻薄的社交统治与心理和认知问题联系在一起，从长远来看，这些问题似乎很有可能使欺凌者倒台。在学校里，你可能无法报复，但生活最终会让你扳回一局。换句话说，如果你能读完高中，你的欺凌者就会给你端薯条（即使只是比喻）。不仅仅是普通大众这样看待欺凌者。几十年前，研究人员经常将欺凌者描述为毫无疑问地表现非常差的孩子。他们成绩不好。他们不喜欢自己。其他孩子也不喜欢他们。

但是，即使我们暗自窃喜于"没有好下场的欺凌者"这一观念，以及似是而非的宇宙正义，今天，研究人员知道，许多欺凌者并不符合这一刻板印象。事实上，有些欺凌者远非不受欢迎。他们可能在学业上取得成功，在学校和网络上成为社交领袖。当然，有些欺凌者是因为自己的自尊心不强。但同样肯定的是，有些欺凌者是因为其他原因。如果认为欺凌者可能很受欢迎，这似乎令人难以置信：首先，受欢迎的青少年似乎不需要欺凌他人。其次，很难相信其他学生

会崇拜和仰慕欺凌者。但是，为了帮助理解这个观点，请思
考一下，我们对青春期前和青春期影响社交地位的真正因素
的了解。研究人员发现，社交地位与两个不同的特征有关：
亲社会行为（如善良）和成功实现社交目标的能力（必要时
通过攻击）。并不是同时具备这两个特征才能受欢迎。有些
欺凌者只是非常善于通过实现社交目标（如成功地让同伴害
怕和钦佩他们，并想站在他们一边）来获得较高的地位。不
同的同伴对如何实现这些目标有不同的看法。有些人认为他
们实现目标的攻击行为是有效的，甚至是值得钦佩的。而另
一些人则可能认为同样的行为是残忍和以自我为中心的。这
就有助于解释为什么有些欺凌者很受欢迎，在社交方面很成
功，为什么他们会有很多朋友或崇拜者，即使他们有时很
残忍。

所有这一切都对无辜的受欺凌者而言非常不公平。这确
实不公平。但是，即使是受欢迎的欺凌者也会有其他类型的
不利因素。例如，在五年前的一项研究中，我向青少年展示
了一个同伴冲突场景，结果发现了一个有趣的现象。当欺凌
发生时，欺凌者明显不太可能注意到并认为这是欺凌行为。
这种认知倾向——对社会信息的曲解——曾经在好斗的人身
上出现过，从长远来看，它会严重损害一个人的生活和人际
关系。如果一个人经常因为欺负同事而被训斥，却完全看不
到自己的错误，那么，他的职业生涯会好到哪里去呢？如果

残酷地支配所爱的人被误认为只是一种不正常的关系,那么,生活中的人际关系会美满到哪里去呢?值得注意的是,并非所有欺凌者都表现出这种认知倾向。总体而言,欺凌者更有可能无法识别欺凌行为,但大多数人对这些社交状况的感知相对正常。

觉得自己比欺凌你的人优越可能会让你感到片刻欣慰,但这并不是我提出这个问题的原因。事实上,童年时期的欺凌行为与不良或积极的人生结果之间并没有明确而绝对的关系轨迹。有些欺凌者在生活中茁壮成长,有些则不然。欺凌者或被欺凌者是否有好的发展似乎与他们在成长过程中得到的关注、关怀和支持有更大的关系(这几乎适用于所有青少年)。作为一个群体,欺凌者似乎更有可能在成长过程中和以后的生活中遇到问题,但坏的结果从来都不是必然,一些与同伴有社交问题的青少年确实比自己的同伴"长得更好"。

98

应对之道:误解 12　欺凌者都有情绪问题

大多数成年人向孩子们保证,欺凌者都有情绪问题,是因为他们希望这样做能安慰被欺凌者。但研究表明,当其他同伴也开始相信这种说法时,被欺凌者最容易从这些说法中得到安慰。也就是说,父母关注欺凌者的缺点,可能会安慰他们。但如果同伴们能够支持、喜欢并认为其是很有价值的朋友,则会给他带来更大的安慰。

这是否意味着，如果你的孩子是欺凌的受害者，就不值得与他们讨论欺凌者身上存在的问题？有时，让孩子想想欺凌者可能也有多么烦恼或悲伤，确实会对孩子有所帮助。但在其他时候，这可能会让孩子感到冷漠。要知道，在短期内，当孩子默认自己成为被欺凌者时，欺凌者的缺点并不总是一个有用的借口。在这种情况下，通常更好的做法是把主要精力放在让孩子在学校或网络上感觉更好的即时策略上，包括广泛争取朋友和学校成年人的支持，把精力和注意力集中在积极的活动和技能上，以及加强家庭团聚时间和支持上。不过，从长远来看，这可能会让曾经的被欺凌者在回顾和反思欺凌事件时明白，攻击行为从来都不是出于好意。

第 14 章
误解 13　所有儿童都同样容易受到欺凌

你是一个 24 小时不间断阅读新闻的瘾君子吗？持续不断地接受信息冲击非常刺激，但你可能会惊讶地发现，人类大脑正确解读如此大量大众媒体信息的能力存在不确定性。在人类生存的几乎所有时间里，世界上都没有社交媒体、互联网，甚至没有电话。报纸开始定期出版也还不是太久前的事情，但与今天的媒体信息流相比，发布信息的频率要低得多。在 20 世纪的大部分时间里，除非你是城市居民，否则，当你看到报纸时（如果有的话），刊登的已经是几周或几个月前的消息了。你听到罕见事件的可能性有多大？与今天海啸般的当代信息量相比，一百年前人们所能看到的新闻量要小得多。因此，人们通常只能了解到最重要的新闻——战争、政治、饥荒等。在你的一生中，了解到关于某人获奖的新闻可能屈指可数。基于这种低频率，你的大脑会正确地估算，获奖不太可能经常发生在任何人身上。你的大脑会自问："我经常听说吗？"如果答案是"不"，大脑就会理智地得出结论：这种事情发生的概率很低。

我们的大脑仍然会问同样的问题。但如今，在作为第一世界（First World）特征的媒体的冲击下，我们听到的不寻常事件层出不穷。比如彩票。你中过奖吗？在美国，任何州彩票中奖的概率都比生下同卵四胞胎或被自动售货机压死的概率还要小，[1]然而，你也许能回忆起很多很多次看到彩票中奖者的新闻报道。我们都看过微笑的中奖者高举巨额支票的照片。在一些州，每周都会举行数次彩票开奖，每次中奖都会有大新闻报道。无论实际中奖概率有多低，这些报道的经常性都会让你的大脑陷入沉思："如果我身边经常有彩票中奖者的报道，中奖率怎么可能如此低呢？"

我现在终于想明白了，我的观点是，你的大脑解读频率数据的方式会让你高估结果发生的概率。如果你被媒体对某一事件的报道所困扰，那么，即使它相对罕见，也会显得非常普遍。这会大大增加我们对欺凌和被欺凌者可能发生的负面结果的焦虑。从理性的角度讲，我们都知道欺凌和网络欺凌对某些人的伤害比对其他人的伤害更大，但我们的大脑如何解释严重伤害，却受到了我们阅读的所有关于欺凌和网络欺凌的新闻报道的影响。

只要粗略浏览一下媒体，即便是科学媒体，就会发现欺凌的可怕后果被大肆宣扬。报纸上的新闻骇人听闻地报道了欺凌后的抑郁、暴力、自杀和他杀。《生活科技》（LiveScience）上的研究报告标题同样毫不含糊：《欺凌的痛苦会持续到成年》《欺凌可能比虐待留下更严重的心理创伤》《青少年受欺凌使成年后患抑郁症的风险增加一倍》。2015 年秋季，皮尤研究中心（Pew Research Center）进行的一项调查发现，家长最担心的问题是孩子被欺凌，这就没什么奇怪的了。调查数据显示 60％的父母担心孩子被欺凌。[2]欺凌是最常见的恐惧，排在焦虑和抑郁，孩子被绑架、殴打或枪击，怀孕、吸毒和酗酒以及孩子触犯法律之前。

坏消息是，欺凌是一个真实存在的问题，而不是凭空想象出来的。但好的消息是，并不是所有孩子都会受到同样的影响，真正可怕的结果并不多见。我在 2015 年研究的所有被欺凌者盯上的青少年并非都受到同样的影响。承受力并不罕见。事实上，近一半（46％）的人表示，欺凌或网络欺凌只让他们感到一点点困扰或不安，或者根本没有。近三分之一（30％）的人表示，这让他们非常烦恼和不安，最后 24％的人表示，这对他们的影响"一般"。其他研究也发现了类似的结果。当欺凌者试图针对他们时，有些孩子的承受力很强，而有些孩子则深受其害。女孩受到的影响明显比男孩大。我们知道，被朋友欺凌比被熟人欺凌更糟糕，而且，女孩的欺凌者更有可能是或曾经是她们的朋友。我们还知道，青少年随着年龄增大受到的影响会越来越小。在我的研究中，44%的在高中时受到欺凌的孩子表示，随着时间的推移，欺凌对他们的困扰越来越小；而只有15%的孩子表示，欺凌对他们的困扰越来越大。大多数孩子都能应对欺凌，有时是不愉快，有时是真正的无动于衷。有些孩子确实能够很好地应对欺凌，并在他人恶意针对他们的情况下也可以茁壮成长。他们的承受力提醒我们，关心帮助孩子，培养应对技能的方法是多么重要。请参阅本章的"应对之道"，了解我们可以帮助孩子提高承受力的一些方法。

因此，尽管欺凌和网络欺凌似乎不可避免地会导致非常严重的后果，但事实却更加复杂。有些孩子能够很好地应对，他们有很强的承受能力，而另一些孩子则更加脆弱。同一个孩子在成长过程中可能在某一阶段很脆弱，而在另一阶段又很有韧性。在2018年我对儿童进行的一项研究中，我比较了他们在不同年龄段的承受能力。在那些自称早期承受力较差的孩子中，有18%的孩子在高中时提高了承受力。在早年自述承受力较强的孩子中，有26%的孩子在成长过程中变得更加脆弱。易变性可能不是大多数儿童的常态，但这些百分比表明，对于大多数儿童来说，承受力会随着成长而改变。诀窍可能在于更多地了解是什么让人们变得更有韧性或

102

更脆弱,并利用这些知识来帮助儿童和青少年应对发生在他们身上的欺凌事件。

应对之道:误解 13   所有儿童都同样容易受到欺凌

有一些方法可以让孩子们更坚强、更有韧性。我在2013 年进行的一项研究揭示了一些孩子比其他孩子更有韧性的原因。提高承受力最有效的策略是拥有愿意在困难时期支持你的朋友或同伴。当我询问孩子们成年人建议什么策略时,他们说有人告诉他们"不要理会欺负你的人",或者干脆"相信欺负你的人根本没你强大"。但是,当我问到他们实际使用了哪些有效的策略时,与朋友保持亲密关系被列为应对其他同伴刻薄行为的最佳方法。并不是所有的孩子都能在学校交到朋友。有时,我们能做的对提高承受力最有帮助的事情就是为孩子们提供不同的交友场所(夏令营、课外活动、宗教场所等)。

我们还知道,有几个因素会降低孩子的承受力。总体而言,孩子总与朋友打架会降低承受力。因此,帮助孩子们学习解决冲突的技巧,如协商、等到不那么生气时再采取行动、寻求其他朋友的帮助等,都可以提高他们的承受能力。教孩子们不要在互联网和数字设备上发生冲突,也能提高承受能力。我经常看到数字通信增加了冲突和欺凌。

103

最后，有时，当你已经感到孩子变得脆弱时，了解孩子的需要，格外小心谨慎会有所帮助。根据我的研究，那些已经在处理其他问题（如抑郁或家庭问题）的青少年，在面对打架和欺凌时，承受能力要差得多。

任何能增加社交支持和改善人际关系的方法都能提高承受力，家庭生活和与朋友交往都是如此。我们很容易忘记家庭时间对年长的孩子来说有多么重要，但花时间在一起玩耍和享受天伦之乐，可以帮助孩子们在受到同伴残酷对待时感到有能力应对。它还能鼓励孩子们进行讨论并向大人报告，而此时这些对话可能是最重要的。

参考文献

1. Carter, A. (2012). 15 things more likely to happen than winning mega millions. The Daily Beast. http：//www. thedailybeast.com/articles/2012/03/30/15-things-more-likely-to-happen-than-winning-mega-millions.html.

2. Pew Research Center. (2015). Six-in-ten parents worry their children might be bullied at some point. http：//www. pewsocialtrends. org/2015/12/17/parenting-in-america/st_2015-12-17_parenting-41.

第 15 章

误解 14　欺凌者都是在不健全的家庭中长大的，他们的父母本身就是欺凌者

　　从各方面来看，彼得（Peter Lanza）和南希·兰扎（Nancy Lanza）夫妇都是受过教育、有一定影响力的父母。他们的儿子亚当（Adam Lanza）在康涅狄格州一个舒适的中产阶级小镇长大，上的都是好学校，但他显然也面临着挑战。亚当在社交、心理和学习方面表现出明显的困难，但他的父母为他寻求了很多帮助。他得到了医生和治疗师的治疗以及学业上的帮助。与亚当同时在加利福尼亚长大的埃利奥特·罗杰（Elliot Rodger）是另一个中上层阶层的男孩，他和亚当一样有社交问题，父母为他操碎了心。和亚当的父母一样，埃利奥特的父母也没有对他的问题置之不理，他们请

医生和治疗师帮助儿子，当埃利奥特的母亲在社交媒体上看到他有暴力倾向时，她报了警。这两个男孩的父母都不是对孩子漠不关心或有暴力倾向的人。

在这两个案例中，父母都拥有资源和教育背景，看到并认识到了儿子所遇到的麻烦，并试图为他们提供专业性帮助和支持。然而，这两个男孩都做出了不可思议的事情：他们犯下了大屠杀罪行。埃利奥特·罗杰在加州大学枪杀了 6 人。亚当·兰扎在桑迪胡克小学杀害了 20 名儿童和 6 名成人。两个男孩都在疯狂犯罪的最后时刻自杀身亡。这两个男孩似乎都不像他们受过良好教育、成就卓著的父母。

说到杀人犯，我们一般都会想到他们有糟糕的家庭生活。而事实上，我们也不难发现，有些杀人犯的父母似乎是杀人犯。杰伊·诺德林格（Jay Nordlinger）是《怪兽的孩子：独裁者子女调查》(Children of Monsters：An Inquiry into the Sons and Daughter of Dictators) 一书的作者，他指出：许多，但并非所有，声名狼藉的独裁者的子女自己也有暴力倾向。[1]我们都知道，如果父母有暴力倾向，子女就有更大的暴力倾向性，这是很明确的，但也不总是如此。问题的关键在于，从个案的角度来看，从父母有没有暴力倾向来推测子女是不是有暴力倾向是非常困难的。

不过，对数百名青少年或儿童进行系统研究，还是可以发现一些普遍规律。我决定在实验室中测试"好斗的父母会培养出好斗的孩子"这一命题。2016 年，我对 410 名年龄稍大的青少年进行了一项研究，让被试者描述自己与同伴之间的攻击性行为（如果有的话）。根据他们对一系列有关这些攻击行为的问题的回答，我把他们分成了欺负别人的学生和不欺负别人的学生。接下来，我还让他们报告自己的父母是否有任何形式的家庭暴力。毫不奇怪，有暴力经历的家庭产生的欺凌者人数是无暴力家庭的三倍多。在这些家庭中，超过 20% 的青少年称自己是欺凌者；而在非暴力家庭中，只有 6% 的青少年称自己是欺凌者。对网络欺凌者而言，相关的影响更大。在来自暴力家庭的青少年中，29% 的人承认对同伴进行过网络欺凌，而在来自非暴力家庭的青少年中，这一比例仅为 7%。

　　我还想知道父母的教养方式（除暴力外）是否与欺凌行为有关，因此，我让孩子们对父母的一系列个性品质进行评分。根据这些评分，我把父母分为四组：专制型（非常严厉，不慈爱）、权威型（严厉，但也很慈爱）、放任型（一点也不严厉，但很慈爱）、冷漠型（既不严厉也不慈爱）。我注意到的第一个有趣现象是，虽然母亲的教养方式确实会影响孩子是否成为受害者，但父亲的教养方式对孩子是否成为欺凌者的影响最大。在报告有专制父亲（非常严厉，不慈爱）的学生中，有 27% 的人是欺凌者；其他三组（权威型、放任型和冷漠型）的人数都要少得多，约为 11%—13%。在有专

107

制父亲的孩子中，有15%的孩子承认自己是网络欺凌者，而在有其他类型父母的孩子中，仅有6%—8%的孩子是网络欺凌者。虽然我们可能会认为母亲对孩子的影响更大，但本研究中的母亲却没有呈现类似的影响结果。

这些研究结果似乎证实了这样一种观点，即欺凌者的父母可能都有暴力倾向，或者过于严厉、不够慈爱——但是，像其他情况一样，我要指出的是，事情往往没那么简单。有一个暴力或刻板、缺乏关爱的父亲可能会增加你成为欺凌者的概率，但这并不是唯一一个简单、直接的原因。80%的欺凌者来自非暴力家庭，70%以上的欺凌者来自没有专制父亲的家庭。从另一个角度看，大约65%来自暴力家庭的孩子没有成为欺凌者。虽然这些数字似乎否定了两者之间的关系，但在研究那些没有成为欺凌者的孩子时，你可以看到暴力家庭的影响。想想看：来自暴力家庭的孩子中，可能确实有65%不曾欺凌他人，但来自非暴力家庭的孩子中，却有足足87%不曾欺凌他人。有暴力倾向的家庭会使孩子成为欺凌者的概率增加12%，这并不是一个巨大的增长，但在统计学意义上讲是显著的。[2]

综合来看，数据和个案都表明，有暴力倾向的父母确实 108
助长了子女的暴力倾向——至少是部分助长。因此，也许我们的误解并不完全是误解。但是，认定欺凌者的父母也一定是欺凌者显然是没有道理的。统计数据并不能帮助我们根据具体情况推定任何事情。相反，它有助于我们理解增加欺凌行为发生概率的其他因素。

应对之道：误解 14　欺凌者都是在不健全的家庭中长大的，他们的父母本身就是欺凌者

这个误解的真正危险在于，家长们可能会认为，如果他们自己不是欺凌者，那么他们的孩子就几乎不可能成为欺凌者。但案例和数据都指向不同的结论。作为一个暴力或刻板、缺乏亲和力的父母，确实会增加孩子欺凌他人的概率。但即使是关心孩子并对孩子尽心尽力的父母，有时也会枉费自己的最大努力和好意，培养出具有攻击性的孩子。

与许多其他育儿经验一样，这里真正要做的是，保持沟通。确保你知晓孩子在社交方面的情况，询问他们对朋友的感受，以及他们在学校和网络中的定位。如果其他成年人（如学校工作人员或其他家长）抱怨你的孩子欺负人，尽量不要采取防卫态度。恭敬地倾听，并思考他们所说的话，这并不意味着你必须最终全盘接受。请记住，部分同意总是有可能的，你可以利用这些信息与你的孩子展开对话，让他们了解别人有时会如何以不同于他们本意的方式看待他们的行为。

参考文献

1. Nordlinger, J. (2015). Children of Monsters: An Inquiry into the Sons and Daughters of Dictators, New York: Encounter Books.

2. 我在这里使用了研究人员使用的"统计学意义"一词，意思是这种差异极不可能只是偶然发现。我们有 95% 的把握这是一个真正的差异，尽管这可能不是很大的差异。

第 16 章

误解 15　报复是对付欺凌的有效方法

　　1986 年 1 月 28 日这一天，你在哪里？即使你已不记得自己那一天在干什么，我敢打赌，你一定记得挑战者号航天飞机在起飞后不久爆炸。那次爆炸是人们记忆犹新的美国悲剧之一。鲜为人知，但同样令人难以置信的是，就在起飞的前一天，美国国家航空航天局（NASA）的鲍勃·埃贝林（Bob Ebeling）和其他四名工程师还试图推迟发射。他们确信航天飞机会爆炸。结果航天飞机真的爆炸了，夺去了机上所有宇航员的生命。三十年后，在接受美国公共广播电台（NPR）采访时，埃贝林描述了美国国家航空航天局管理层是如何不想听到真相的。他们只想让任务继续进行。

　　这种故意否认的行为似乎与欺凌和网络欺凌没有太大关

系。一般来说，大多数事件都不会危及多条生命。但考虑到这一点：有时，我们看到人们的行为可能会招致潜在的麻烦，但我们就是不愿去想它。当你看到一种可能会在日后造成问题的行为，但至少在目前看来是有效的，那就更难了。有时，孩子们用来应对欺凌的策略可能会在日后反过来给他们带来更严重的问题。但我们可能就是不愿意正视其中的真相。

就拿报复这件事来说吧。几十年前，人们对儿童身体暴力的容忍度要高得多，通常会建议受害者以牙还牙。如今，这种策略一般都不可行。首先，大多数欺凌行为不再是肢体暴力。但即使是这样，打回去也是不能容忍的，欺凌者可能会转过身来向成年人举报受害者。无论受欺凌者是否真的认为他们是在为自己出头，他们都可能会受到惩罚，而不管谁先成为受害者。如今，大多数成年人都知道要考虑具体情况，但一般情况下仍然不能容忍攻击行为。如今的欺凌者可能知道如何利用规章制度来为自己壮势，激怒受害者使其反击，反而可以加强而不是削弱自己的力量。

但是，也有一些非肉体形式的报复（比如在网上散布谣言或谩骂）可能会奏效，至少是暂时的。一想到我们的孩子以恶毒的方式反击，我就觉得很不愉快，但否认这种情况曾经发生过就是故意视而不见了。2016 年，在马萨诸塞州减少攻击中心的一项研究中，32% 的青少年被欺凌者表示，报复对他们起了作用，至少部分起了作用。但重要的是要记住，即使反社交策略有时有效，成年人也不应推荐使用。这并不是因为我们想让孩子们失去一种可能有效的策略，而是因为反社会策略（1）在今天已经不那么有效了；（2）可能会适得其反；（3）不能帮助孩子们学习长期的应对技能，而从长远来看，长期的应对技能才是真正对他们有用的。

同样，预测欺凌者如何应对报复也很棘手。在人身欺凌的情况下，不难理解欺凌者会如何从殴打中退缩，尤其是当殴打是公开的、羞辱性的。但是，数字或语言上的反击会让人感觉更有胜算。例如，对报复感到愤怒的欺凌者可以简单地创建一个匿名身份，在网上对受害者进行一连串的攻击。这样做既不会危及人身安全，也不会让自己在众人前蒙羞。本意是阻止欺凌的报复行为，最终却可能使欺凌升级。

这个问题最近出现了一个新的转折，即家长为了保护自己的孩子而进行数字形式的报复，因为他们认为自己的孩子在网上受到了不公正的攻击。在实际工作中，我遇到越来越多的学校管理者，正在处理家长自己采取报复行动的情况，例如，用孩子的手机给欺凌他们的人回短信（而且并不总是征得孩子的同意）。这样做是可以理解的，因为，看到自己的孩子在网上被人贬低是一件非常痛苦的事情。但这样做往往会使问题升级，让孩子的情况变得更加糟糕。这方面的研究很少，但网络欺凌者似乎并不像身体欺凌者那样，会因为受害者使用数字技术"报复"而感到害怕。因为人们推测，身体欺凌者会因为真的被报复而感到害怕。这表明，数字报复（不管是受害者还是受害者的父母）不太可能阻止网络欺凌的发生。事实上，它可能会让情况急剧升级，让你的孩子的情况变得更糟。不过，虽然结果还不确定，但有一件事是可以肯定的，那就是如果你亲自向你孩子的网络欺凌者发送恶意信息，你就向你的孩子发出了一个明确的信息。你之所以采取行动，是因为你不相信你的孩子能在社交中处理好自己的事情，即便有支持和指导。而这种缺乏信心的态度很可能会对你的孩子产生真正的影响。

与刁钻刻薄的人打交道是一项非常有用的生活技能，可以在年轻时学会，而且通常只能在年轻时学会。当代青少年打欺凌者一拳而逃之夭夭的可能性微乎其微，但即使他们真的这么做了，这也算不上是一堂人生课。当法律的强制力在类似打架斗殴罪上都得以体现时，任何成年人都不可能逃脱法律的制裁。报复是我所谓的高风险、低回报的策略。这确实很难做到，也很可能失败。相比之下，让我们把重点放在低风险、高回报的策略上。这种策略更容易做到，也更有可能带来承受力增强和积极的结果。

好消息是，确实有这样的策略。当我们询问被欺凌者什么才是真正的帮助时，有一种策略是最成功的：学会如何从朋友和家人那里获得支持和帮助。认识到与朋友保持亲密关

114

系、向他们倾诉并获得建议，以及与同伴和家人谈论发生在自己身上的事情的力量是非常强大的。这样做有几个原因。首先，谈论问题可以降低问题的压力。对着自己信任的人大声说出自己的强烈情绪，可以缓解情绪。但是，与爱自己的人交谈也能提醒脆弱的受害者，无论欺凌者对他们说了什么，他们并不孤单，也不是一无是处。这种策略就是我所说的低风险、高回报策略。原因有以下几点。这是每个成年人都可以向孩子推荐的。这也是孩子们可以轻松学会并终生受用的策略。刻薄的人总是存在的。但我们面对他们的残酷时，坚强不屈的能力和承受力会因为社交的支持而大大增强。

应对之道：误解 15　报复是对付欺凌的有效方法

有一帮挚友的孩子是幸运的。但如果你的孩子在学校里朋友很少，甚至没有朋友，怎么办呢？

这个难题没有神奇的答案。但是，如果你的孩子在学习交朋友方面有困难，你应该集中精力协助解决这个问题。有时，在学校交友困难的孩子在其他环境中会表现得更好。例如，在学校感到孤独的孩子可能会在夏令营或课后活动中交到朋友。在共同的兴趣爱好中也更容易建立友谊。想想你孩子喜欢的体育、音乐、艺术或其他活动，并在社交场合追求这些兴趣爱好。虽然，在学校交到朋友总是最好的，但有时在校外交朋友也有助于培养社交技能，从而帮助孩子开始在学校建立友谊。即使你的孩子不能或从未在学校里交过朋友，在校外获得社交支持也绝对有帮助。

不要忘记家庭的力量。如果你的孩子有愿意又能够友好相处的兄弟姐妹，请他们待在一起。他们不需要公开保护自己的兄弟姐妹（当然，如果他们愿意这样做更好）。只要在他们在一起（不要忽视他们的姐妹或兄弟）就会有所帮助。

最后，成人的支持与同龄人的支持不同，但仍有帮助。你对孩子的支持至关重要，你孩子所在的学校也可能有同情你孩子的成年人。想想你孩子喜欢的老师、辅导员、行政人员，甚至是校医。当有人对孩子刻薄时，一双同情的耳朵，即使是大人的耳朵，都会比孤立无援的感觉要好得多。

第 17 章

误解 16　欺凌者不知道他们对

被欺凌者的伤害有多大

永远不要和心理年龄只有 6 岁的青少年争论。

——《卡尔文与霍布斯》(Calvin and Hobbes)

也许你还记得《卡尔文与霍布斯》连环画中的莫伊 (Moe)，他是一个典型的恶霸。"你那不适应社会的反社会倾向是你那狂暴的脑垂体的产物吗？"卡尔文问莫伊，莫伊停顿了很久才反问道："什么？"

将欺凌主要描述为身体上的欺凌，将欺凌者描述为身材高大、学习成绩差和社会地位低的孩子，这种刻板印象已经变化了很多。其他孩子可能害怕他们，但并不想成为他们。

当刻板的身体欺凌发生时，没有人会质疑欺凌者是否知道他 118
们在伤害受害者。他们是出击的人——所以他们当然知道。

　　但是，一旦成年人和整个社会对孩子的攻击行为越来越
不能容忍，欺凌者就开始更频繁地使用心理战术——确切地
说，是语言攻击、关系攻击和（最终）数字攻击。这种策略
的变化使人们认识到，欺凌有时可能是无心之失。如果你挥
出一拳，显然是想伤害别人。但是，如果你发表了一条刻薄
的评论，它可能只是不经意或措辞笨拙的结果。

　　你也许依然记得，欺凌是指持续、重复、蓄意的攻击。
顾名思义，欺凌是有目的的。但是，在孩子们之间还有许多
其他类型的冲突，在这些冲突中，社交残忍行为也可能是偶
然发生的。例如，我们不难想象，年幼的孩子或社交技能明
显滞后的孩子之间会发生怎样的无意残忍行为。不言而喻，
即使是年龄较大、比较典型的孩子也可能（而且确实）会犯
错误。一个孩子可能会不经意地、不假思索地说过一次刻薄
的话，即使是对朋友（有时尤其是对朋友）。他们可能会与
同伴打架或试图挑衅同伴。他们可能会心情烦躁，在学校或
网上对别人发火。孩子之间的残忍行为可能是偶然的，也可
能是有目的的，但也可能介于两者之间——事件可能是故意
的，但却比攻击者的本意更具伤害性（或更进一步）。我还
要讽刺地指出我们都知道的一点——孩子们有时是轻率的，
不经大脑地行动和说话。

毋庸置疑，大多数孩子身上都会发生一些他们真的没有意识到自己的行为具有伤害性的事件。在 2016 年的一项调查研究中，我要求青少年反思他们对同伴施加的社交刻薄行为。约有 38% 的人表示，在那么一两次事件中，他们并没有意识到自己的行为有多么残忍。[1]

更常见的情况是，青少年承认自己暂时不愿意感同身受。有时，孩子们意识到自己的行为给对方造成的伤害，但他们不愿设身处地地去想受害者的感受。相反，他们更愿意关注自己的感受。例如，他们可能会对发生在学校食堂里的恶言相向进行报复，用自己的恶言攻击回去。也许他们有点生气，他们也知道自己说的话很刻薄，但他们并没有关注受害者的感受，相反，他们关注的是其他孩子看到他们在社交中占了上风。近 73% 对同伴刻薄的孩子至少在某些时候属于这一类。他们同意这样的说法："我的行为并不理想，但可以理解。"在这种情况下，孩子们会将自己的不良行为最小化，避免纠结于自己给别人造成了多大的伤害。他们常常为自己的行为辩解。在这种情况下，说服孩子们面对他们给别人造成的伤害，往往会让他们受益匪浅。

最后，还有一种情况，即欺凌者完全、彻底地缺乏同情心。虽然这种类型的欺凌者外表看起来可能与其他类型的欺凌者相似，但这种欺凌者完全没有内心挣扎，对自己的所作所为毫无保留。他们不会为自己的行为找借口，认为这是不好的，但出于某种原因是可以理解的。这类孩子可能会认为自己的所作所为是完全正当的，他们的行为是公正合理的，而且看到别人痛苦也很有趣。我认为这是最令人不安的欺凌类型，但幸运的是，也是最不常见的。根据我的经验，这些欺凌者并不常见，只有18%被欺凌的孩子描述过他们有这种感觉的情形。在这些事件中，欺凌者很清楚他们在伤害别人，但他们完全不同情受害者的遭遇——他们陶醉在受害者的痛苦中。棘手的是，很难将这种类型的欺凌者与其他类型的欺凌者区分开来，因为即使欺凌者自己也质疑自己的行为，他们也可能在表面上表现得冷酷无情、无动于衷。

但是，当我们询问欺凌者是否知道他们正在伤害受害者时，在某种程度上，我们忽略了一个重要的问题。毕竟，欺凌不仅仅会影响受害者，还会影响整个学校的氛围。我的意思是，对许多孩子来说，社交上的残忍行为和欺凌会让学校变得充满敌意和不受欢迎。欺凌者往往只关注他们对受害者的影响，但他们往往不知道他们对整个学校氛围的影响。事实上，从某种意义上说，欺凌的更大危害是对所有在校学生的影响。然而，具有社交攻击性的孩子往往忽略了这一点。

120

一句话：欺凌者总是知道自己在伤害他人吗？大多数循环往复的伤害事件都是故意的，但也有一些例外（比如孩子们可能无法准确解读社交信号）。但同样重要的是要记住，大多数孩子之间的社交残忍行为本身并不是欺凌，有时可以归结为粗心大意、不经意、暂时的愤怒或（也往往是暂时的）故意无视受害者的感受。有些孩子真的对他人很残忍，他们享受受害者的痛苦，但这些孩子的行为是特例，而不是普遍现象。

应对之道：误解 16　欺凌者不知道他们对被欺凌者的伤害有多大

在某种程度上，我们对恃强凌弱的关注限制了我们应对一般社交残忍行为的灵活性。我们将欺凌认定为问题所在——这样做可能会忽视打架斗殴或较轻微的社交残忍行为，有时也会导致欺凌。

如果我们想减少欺凌行为，成年人就必须对各种不恰当的社交冲突作出回应。让孩子们知道我们的期望是一项困难但短暂的挑战。说它困难，是因为设定期望意味着要持续回应不恰当的社交行为。例如，如果你的孩子骂了一个兄弟姐妹，你很可能会听之任之——偶尔这样做可能还可以。但最好让孩子知道，骂人是不对的，对任何人都不对，永远都不对。通过指出这些较轻微的恶意行为，你可以帮助孩子避免上升到更严重的行为问题。你还可以通过肯定、赞扬和表扬善举，并以身作则来弘扬同情心。在我们这个快节奏的世界里，有太多形色各异的事情吸引着我

121

们的注意力，所有这些听起来都比实际容易。但是，首先要做的就是提高对善良的认识，了解善良的重要性。弗雷德·罗杰斯（Fred Rogers）（"罗杰斯先生的邻居"）经常强调，在悲剧发生时，他的母亲会向他指出可以帮助他的人，而不是强调痛苦：

> 当我还是个孩子，在新闻中看到可怕的事情时，母亲会对我说："寻求帮助。你总能找到乐于助人的人。"

指出孩子的善举还有一个好处，那就是帮助孩子了解世界上有多少善良和乐于助人的人，而这不正是我们都希望孩子们分享的世界观吗？

参考文献

1. 继续阅读，你会发现百分比加起来并不是100%。这是因为一些青少年在不同的情况下表现出不同类型的同理心和同情心。

第 18 章

误解 17　学校对欺凌行为束手无策

如果年轻人自杀，这是整个社会的失败。成年人自杀已经够令人震惊和悲惨的了，但当儿童或青少年自杀时，就暴露出社会中的成年人是如何未能培养和保护他们的。他们的父母所承受的痛苦几乎是难以想象的。

在某些情况下，欺凌可能是导致青少年自杀的因素之一。2016 年，纽约一所私立学校的学生丹尼尔·菲茨帕特里克（Daniel Fitzpatrick）上吊自杀。新闻媒体和他伤心欲绝的父亲将责任归咎于男孩所在的学校。在这个国家，不那么严重的此类事件每天都在发生，我经常收到一些家长的电子邮件，他们认为孩子所在的学校对欺凌事件疏于应对，因而感到沮丧。但是，学校真的不关心欺凌问题吗？

这里有两点很重要。首先，虽然没有哪个行业能自诩百分百完美，但我认为很少有教育工作者会真正对学生的痛苦无动于衷。不过，直到最近，许多教师、管理人员和家长确实认为，欺凌是一种比较正常的行为，不可能造成任何严重的伤害。根据我的经验——我每年都要与几十所学校合作——成年人的这种态度远没有以前那么普遍了。十到十五年前，我经常遇到一些教育工作者，他们根本不相信欺凌是他们学校的一个问题。即使面对与欺凌相关的悲惨后果，这种否认有时也会坚持下去。大约十年前，我曾在一所学校工作过，那里有一个受欺凌的女孩自杀了，她告诉别人，在学校里没有可以倾诉的成年人。校长说："我简直不敢相信。这里没有欺凌。这里的任何孩子都可以和任何人倾诉。"面对这个学校刚刚发生的事情，我觉得他的否认令人吃惊。但如今，我看到人们对欺凌和网络欺凌的兴趣和关注急剧上升。大多数教育工作者对这些问题的广度和深度有了更深刻的认识，每个人都看到了当被欺凌的孩子自杀或实施暴力行为时，学校所承受的公众羞辱。

除了"学校不关心欺凌问题"这一观点之外，我认为还有一些因素不幸却持续地造成了"学校将欺凌问题掩盖起来"这一印象（往往是错误的），即使学校并没有这样做。

第一，成年人不太可能对发生在他们面前的欺凌行为作出反应，这并不是因为他们不在乎，而是因为如今的欺凌行为更加微妙，因此更难识别。如今，当孩子们脾气暴躁、生某人的气或欺负某人时，他们都同样有可能使用间接的蔑视行为或言语（这些行为被称为"网关行为"）来伤害对方。网关行为的例子可能包括：当别人说话时，你翻白眼；无视说话的人，好像他们是隐形的；排斥或嘲笑别人；辱骂。把"网关行为"想象成皮疹。如果你得了莱姆病（Lyme disease），你就会患皮疹。但并不是所有的皮疹都意味着你得了莱姆病。莱姆病只是患皮疹的一个可能原因，还有很多其他可能的原因。同样，欺凌者会使用网关行为，但网关行为并不总是意味着发生了欺凌。网关行为无时无刻不在发生。当孩子们互相生气、互相欺凌，或者只是恼怒或漫不经心时，他们就会使用网关行为。孩子们的"网关行为"并不是隐形的。成年人会看到孩子们使用这些行为，但由于这些行为只是轻微的过失，其背后的动机通常也被认为是同样轻微的。除非教师接受过专门的培训，否则他们可能意识不到网关行为可能预示着欺凌行为正在发生。当你经常看到孩子翻白眼时，很容易就会认为这不是什么大不了的事，而成年人通常会认为欺凌行为会更加夸张和明显。

为了说明这一点，试想在课堂上，一个学生答错题了，其他两个学生窃窃私语，然后哄堂大笑，这让回答的学生觉得自己很蠢。老师看到并听到了这些笑声，但他不知道发生了什么。他可能会认为孩子们不懂事，或者是在向朋友炫耀,甚至可能是在生受害者的气。他没有意识到,这两个嘲笑者已经欺凌受害者很久了。但即使老师不知道发生了什么,孩子们通常也知道背后的故事。他们知道这不是一个随意的举动,而是从三年级起就开始的针对受害者的欺凌活动的一部分。答错题时被人取笑总是令人不快的,但如果你长期被人欺凌,那才是真正的伤害。于是,学生受害者回家告诉父母,欺凌就发生在老师面前,但老师却没有采取任何应对措施。老师的看法是,他看到的只是一些刻薄的傻笑。他可能是错的,但他并没有故意撒谎或掩盖什么。如果家长投诉,老师可能会认为投诉是绝对的过度反应。

我正是想通过培训教育工作者来纠正这种情况,让他们了解什么是网关行为以及如何应对这些行为。教师并不一定会看到"欺凌"本身,他们看到的是网关行为,这些行为可能是也可能不是欺凌。教育工作者不应试图猜测是否发生了欺凌行为,而应认识到网关行为具有伤害性,而且总是在社交上不适当的。在一次培训中,我遇到了一群教师,我让他们练习如何应对这些细小的蔑视行为。一位中学教师评论说:"我现在真不敢相信,我过去总是对这些事情听之任之。"通过学习,我们大开眼界,原来一些所谓的小的网关行为积累起来会产生如此大的影响。

学校可能显得无动于衷的第二个原因与我们对隐私和保密的期望有关。教育工作者接受过对所有行为问题及其后果保密的培训。他们并不是在搪塞你对信息的渴望。他们是在严格遵守法律。但是，当受害者或其父母想知道对欺凌者的处理结果时，很难用"这是机密"来回答。这样的回答让人感觉欺凌者受到了不应有的保护。学校需要更好地与受害者和家长沟通，让他们了解法律对他们的限制，向他们保证问题不会被忽视或遗忘，并采取措施让孩子感到更安全。这些工作完全可以在不违反保密法的情况下完成。

学校对欺凌行为无动于衷的第三个原因是对"欺凌"这个词的过度使用。欺凌一词会让每个人血压升高，如果孩子在社交方面遇到困难，我们都希望学校能给予关心。但是，在孩子们打架或孩子过度敏感时使用这个词，可能会适得其反。如果我们没有认识到问题实际上是双向的争斗，或者孩子可能在没有发生欺凌的情况下感觉到了欺凌（这比大多数家长想象的要普遍得多），我们就会造成"标签疲劳"（label fatigue）。我们认为，教育工作者更有可能对持续不断的欺凌指控感到疲惫不堪，反应迟钝。

最后，我作为一名家长，也希望孩子所在的学校能在发生欺凌事件时及时解决。但当他们做不到这一点时，并不总是因为他们没有努力。如果欺凌者通过言语和眼神针对受害者，很难想象哪个学校能控制得了。涉事的孩子们在学校里会看到彼此，即使他们在很大程度上是分开的；他们会在走廊里擦肩而过，或在午餐室或校车上看到彼此。欺凌者可以遵守不与受害者说话或对视的规定，但仍然可以成功地让对方感到自己的渺小。通过其他同学发表评论、在课堂和午餐室大笑、尖锐的排斥，这些都很常见，但并不违反"禁止接触"的规定。换句话说，这听起来很难，但我认为家长需要接受这样一个现实：在某些情况下，成年人无法完全阻止欺凌行为。我真心希望事情不是这样，但这也是我一直强调支持孩子、帮助他们提升承受力的重要性的原因。学校和成年人可能无法完全阻止欺凌者去欺负他们的受害者，或者在成年人看不到的地方进行网络欺凌。但他们可以，而且应该始终支持成为受害者的孩子，这样他们就不会感到孤独、被遗弃、不被家人爱、不被成年人和同伴喜欢。因为这种方法总是可以使用的，也总是有帮助的，所以没有任何借口不尽最大努力去支持孩子。

应对之道：误解 17　学校对欺凌行为束手无策

　　教育工作者需要向家长解释保密法，他们需要以熟练和详细的方式进行解释，以尽量减少任何误解，即他们为什么不提供更多有关特定案件或案件处理的信息。马萨诸塞州减少攻击中心有一个免费下载网站，可以帮助教育工作者和家长了解保密规则：https：//www.englandelizabeth. com/downloads。

　　教育工作者还需要向家长强调，一个案件是否被认定

128　为欺凌并不是最重要的。最重要的是为解决和改善情况而采取的行动。这些行动才是重点。就家长而言,需要考虑实际情况。是否有切实可行的措施可以帮助孩子在学校感觉更好、更安全? 保镖和立即开除被指控的欺凌者通常不是现实的选择。不要只注重惩罚,而要注重采取积极的行动,帮助受欺凌者感到更安全和更好,比如增加他们接近朋友的机会,扩大他们的社交机会,让他们可以结交不同的新朋友,在学校里有一个"安全成年人",定期与父母和朋友联系。

第19章
误解18　学校不能对网络欺凌案件
　　　　采取任何行动

　　我的孩子们上中学时，都缠着我要手机。他们都想要一部，他们的朋友都有手机，事实上，他们是这个星球上唯一没有手机的 11 岁孩子！我一般都会拒绝（这在十年前还比较容易），但最后我还是给我的第三个孩子买了一部"哑巴手机"——一种只能打电话的手机。他发现这次经历是对"习得性无助"（learned helplessness）的一次练习。也就是说，当对某种情况无能为力时，要学会接受失败。一天早上，当他出门时，我发现他把手机落在了厨房的台子上。当我向他指出这一点后，他并没有带上手机去学校，而是绝望地说："我为什么要带？它什么也做不了。"显然，对他而言，用手机打电话并不算是一种功能。

130　　习得性无助也会困扰学校，尤其是在数字技术方面。毕竟，大部分社交媒体和互联网的使用都是在校外进行的，或者不使用校园设备，因此限制了学校对数字类型不当行为的管辖权。2017 年，得克萨斯州通过了一项法律，允许学校根据学生在校外社交媒体上发布的帖子对其进行惩戒，但大多数州的学校都没有这样的控制权。[1]尽管如此，学校通常没有什么权力，却要承担很多后果，并承担了很多数字技术教育的责任。如今，学校要教孩子们如何使用数字设备。同时，学校也成为社交技能和情感功能教育的传播者。学校必须应对与技术和社交媒体使用相关的注意力下降、焦虑和抑郁症增加等问题。在制定技术规则时，学校可能不得不与学生和家长斗智斗勇。当网络欺凌发生时，家长往往会直接找到学校。

这就是困境的起因。人们普遍认为，学校对网络欺凌和社交媒体问题更精通，而且学校显然对发生在校内的欺凌行为有管辖权。但在很多即使不是大部分数字通信发生的校外，也不是学校说了算，而是家长说了算。因此，如果家长的孩子在社交媒体上成为攻击目标，而家长又需要帮助，学校管理者可能会觉得自己有义务将其拒之门外，因为管理者可能会认为这种情况超出了他们的管辖范围。从某种意义上说，他们被教会了要对数字形式的欺凌束手无策。

　　但教育工作者并不像他们感觉的那样束手无策，家长可能需要帮助孩子所在学校的工作人员了解他们能做些什么来帮助陷入这种情况的网络欺凌受害者。诚然，学校仅仅因为违规儿童在网上对他人的所作所为而对其进行惩戒的能力可能有限，甚至根本不存在，但学校还可以采取许多其他措施来帮助在网上受到伤害的儿童。例如，学校可以监控情况，看网络欺凌是否"蔓延"到学校。正如我在前一章中指出的，学校里发生的事情和孩子们之间在网上发生的事情并不像成年人所认为的那样截然分开。在马萨诸塞州减少攻击中心的研究报告中，有一半或更多的事件同时涉及学校和数字互动。在小学，同时发生在网上和学校的问题要比只发生在网上的问题普遍得多。这意味着，如果你的孩子在社交媒体上成为攻击目标，很有可能在学校里也发生了一些问题，在这些情况下，学校有明确的管辖权，可以立即采取行动。

131

　　此外，提供支持和关怀有助于所有孩子应对任何类型的社会问题，包括使用数字技术出现的问题。在家里，这可能意味着就是倾听和交流，也可能是集思广益，讨论不同的策略或方法。在学校，任何孩子都可以被指定一个"安全的人"——一个成年人，比如校长助理或校医——只要他们感到不舒服或想倾诉，就可以去找他（根据我的经验，大多数有"安全人"的孩子并不会经常去找他们。但只要有他们在身边，就能让孩子感到安心和安慰）。

最后，预防永远胜于治疗。学校可以努力解决这些问题，改善学校环境。学校可以利用课堂讨论以及社会和情感课程和教案，帮助青少年讨论、识别和应对学校和数字环境中的社交残忍行为。他们可以鼓励青少年帮助残忍行为的受害者，可以帮助孩子们理解为什么网关行为如此有害。

家长可能会感到沮丧，这是可以理解的，因为这些行动都不涉及真正惩罚欺凌者。但在我研究的欺凌受害者中，很少有人强调惩罚在他们看来是最好的选择。2018 年，在我研究的欺凌受害者中，只有不到 10% 的人认为，惩罚欺凌者"几乎总是"有助于解决欺凌情况。超过一半的人认为，惩罚在某些情况下可能会有帮助，但在其他情况下则没有帮助，37% 的人认为惩罚很少有帮助。几乎所有的孩子都认为把重点放在惩罚上至少有些误导。对于家长来说，这表明如果你的孩子成为欺凌受害者，过多地关注惩罚不一定是支持他们的最佳方式。家长坚持要惩罚欺凌者的期待有时甚至会导致孩子不愿与家长谈论社交问题。另外，请记住，作为受害者的父母，你通常不会知道其他孩子所受到的任何惩罚（请记住：这是法律上的保密事项），即使其他孩子是一直针对你儿子或女儿的欺凌者。虽然社交策略可以帮助受害者感觉自己更有能力、更有韧性，但惩罚可能会让他们更加害怕随时到来的报复。

当然，作为一个社会，我们也必须考虑如何更好地帮助那些欺负人的孩子。后果（即惩罚）可以帮助他们了解社会界限在哪里，什么是可以接受的行为，什么是不可以接受的行为。但是，惩罚并不能让我们在这个问题上走得更远。归根结底，欺负人的孩子对帮助和治疗的反应可能比对惩罚的反应更好，而后果也需要比让孩子停学更有力（停学往往只是给孩子放个假）。我在这里并不想把孩子和洗澡水一起倒掉。对惩罚的某些关注是完全合理的，也是可以理解的。但如果成人过于关注惩罚，就会使受害者不愿意向他们寻求帮助。从长远来看，培养承受力和改善学校氛围，让其他孩子不再支持欺凌行为，可能是更好的策略。

应对之道：误解18　学校不能对网络欺凌案件采取任何行动

当你的孩子受到伤害时，你最先体验到的情绪之一可能是愤怒。这种愤怒通常针对的是残忍的孩子（"欺凌者"或"侵犯者"），而且会非常强烈。因此，你可能只想惩罚那个孩子。但正如我之前指出的，学校可能没有惩罚校外（即网络）行为不端学生的管辖权。此外，从孩子的角度来看，惩罚施暴者并不总是最理想的做法。事实上，当孩子们受到欺凌时，情感上的支持一直被认为是最有帮助的。有鉴于此，专注于支持你的孩子，并确保学校支持他们会更有成效。

133

与学校一起考虑你的选择。学校可以应要求指派一名"安全成年人"来帮助你的孩子。确保该成年人是你的孩子喜欢并觉得可以倾诉的人。你可以与学校管理部门协商安全人的规则。例如，可以允许你的孩子在有需要的时候随时去见这位成年人。还可以与你孩子的老师事先约定一个暗号。其他校内安排也会有所帮助。可以考虑事先安排好午餐桌，让你的孩子与其他友好的孩子坐在一起。可以在操场上提供有组织的游戏作为替代活动，这样可以帮助欺凌对象避开欺凌者。座位分配可以帮助孩子减轻在公交车上寻找"安全座位"的压力。

家里的支持也总是有帮助的。保持冷静、帮助孩子制定策略并与他们沟通，可以让他们觉得这些情况是可以应对的。相反，父母表现出强烈的情绪反应可能会让孩子感到害怕，会让他们觉得情况已经失控。如果可能，多花一些时间陪陪孩子，去做一些有趣的事情。在一个忙碌的家庭中，这可能是你需要提前计划的事情。但这是非常值得的，与你在一起的私人时光可能会让你的孩子永远铭记。

参考文献

1. Bogan, R. (2017). Texas anti-cyberbullying law gives schools more enforcement authority. Fox News. https：// www.foxnews.com/us/texas-anti-cyberbullying-law-gives-schools-more-enforcement-authority.

第 20 章
误解 19　如果学校愿意，完全可以制止欺凌行为

零容忍政策（zero-tolerance policies）：强制对攻击性行为采取标准化、"一刀切"的应对措施，在涉及欺凌等问题时，似乎是一个非常好的主意。如果你行为不端，你就得承担后果——就这么简单。惩罚是预先确定的，对每种情况都一视同仁。成年人没有作出判断的余地，也不会出现一个欺凌者受到惩罚，而另一个欺凌者却逍遥法外的情况。每个家长都知道，要想制止不良行为，一视同仁是关键。

但是，虽然这听起来是一个很好的方法，可以明确一致地表示不容忍欺凌或网络欺凌行为，但在现实生活中，学校的零容忍政策并不能很好地发挥作用。事实上，对于孩子来

说，拟定适当的后果与其说是一门科学，不如说是一门艺术。个人成长环境、具体情况，实施者都应当具体情况具体对待。零容忍政策不允许必要程度的灵活性。它过于僵化，以至于很容易出现荒谬的情况。这些情况不仅荒谬可笑，还可能对儿童造成极大的伤害。以塞缪尔·布尔戈斯（Samuel Burgos）在佛罗里达州的案例为例。他带枪到学校，很快就被开除了，这听起来没什么问题，但你要知道，萨姆（Sam）当时只有7岁，枪只是个玩具，而且他从来没有从书包里拿出来过。尽管如此，学校的零容忍政策还是把他给开除了。在佛罗里达州，一名小女孩在自己的午餐盒里发现了一把小刀，是她母亲放在那里用来切苹果的。她立即把刀交给了老师，但仍因携带武器上学而被开除。另一个严厉的后果是，一名少年在学校用手机与母亲通话时被发现。他的母亲被派往海外服役，他已经一个月没有与母亲通话了，但使用手机违反了零容忍政策，他被开除了。

这些案例说明了零容忍政策存在的问题。如果你不事先考虑到每一种可能的情况，不把每一种可能的例外情况都纳入规则，那么，后果往往是毫无意义的。而如果你确实试图把每一种可能的例外情况都考虑进去（11岁以下的孩子不适用？玩具枪不适用？妈妈在战区服役不适用？），那么，政策就会变得错综复杂、令人困惑，甚至可能无效和不一致。

在20世纪90年代和21世纪的前十年，几乎80%的学校都曾广泛采用零容忍政策来解决欺凌问题，但后来因其不可行且经常带有歧视性而被放弃。大量研究表明，这些僵化的政策后果被吹捧为通过平等、无意识地执行相同纪律来减少欺凌的好方法，但最终却明显不公平地适用于有色人种、LGBTQ 儿童、少数民族和宗教少数群体。例如，对佛罗里达州 142 所学校进行的一项典型研究[1]发现，在每个学校级别（小学、初中和高中），黑人男性被停学的比例都远远高于白人男性。总体而言，12% 的白人男性被停学，而黑人男性则为 26%。在一个本应不加区分地执行纪律的系统中，黑人男生的停学率是白人男生的两倍多。在零容忍政策下，有特殊需要的学生受到纪律处分的概率也不成比例。对于有情绪和行为障碍的青少年来说，情况尤其如此。[2]但零容忍政策的失败不仅在于其歧视性应用，还在于这些政策无法改善校园氛围，减少欺凌和网络欺凌。一份对零容忍政策的审查报告指出，零容忍政策会干扰孩子与成人之间的关系和信任，会加剧弱势儿童的心理健康问题。不重视预防和治疗会损害学校氛围，并因增加最终参加公共福利项目或入狱的儿童比例，而增加社会的成本负担。[3]不幸的是，抛弃零容忍政策有时会导致误解，学校只是在抛弃本可以完成的任务——即完全消除欺凌和网络欺凌。这种感觉一直挥之不去，当我们面对更为复杂的现实时，这种感觉可能会让我们无所适从。

退一步思考学校是什么，有助于澄清这一点。学校是孩

137

子们相互交流的地方。学校的大部分时间是有组织的，有比较正式的互动，但一天中的大部分时间是非正式的。教室是正式的，但操场、午餐室、校车和一些班级则不那么有规范，更多的是自由活动空间。在学校，孩子们学习专业知识，同时也学习社交。学校是一个充满挑战的地方，在这里，孩子们必须与非亲非故的人建立关系。孩子们之间存在着一种僵化而公开的权力结构，这种结构主导着他们的许多社会交往。规则是强制执行的。其中最重要的一条规则就是禁止把一切都告诉大人。任何违反这条规则的行为都会导致严重的后果。当然，也有成人看护、照顾孩子，并对他们产生很大影响，但通常需要很小的师生比。在学校里，孩子们必须学会如何独立地与同伴交往，希望能得到朋友的支持，但通常没有大人的不断唠叨。

138

　　所有这一切都意味着，指望学校对每个孩子的外表、行为、言语和情感进行完全彻底的控制是一个失败的命题。请从实际角度思考一个典型的案例。试想一个男孩被一群同龄人盯上了。他们在网上发布关于他的评论和图片，或者交换信息。在学校里，当他走过走廊时，他们会公开嘲笑他。也许他们会在走廊里绊倒他，或者扯掉他手里的书。在午餐厅，他们看着他的样子取笑他。现在，有些行为可能会被成年人看到，很容易引发后果或干预。如果大人碰巧看到他被绊倒，或者他的书被扯掉，或者他在校车上没有座位，他们就可以做些什么。但是，这些行为中的很多并不是惩戒的理由。例如，成年人很可能不知道男孩们在用手机上的社交媒体和信息做什么。没有规定不准看、不准笑、不准和朋友聊天。这些行为当然不是停学或开除的理由。回到现实中，学校能做什么呢？

其实，除了停学或开除之外，学校还可以采取很多措施来帮助解决这种情况。例如，任何学校都可以为欺凌受害者提供情感支持。学校可以设法让欺凌受害者接近他的朋友，警告潜在的欺凌者，查找骚扰行为，并在发现问题时及时予以制止。学校可以设法阻止欺凌行为，比如在课堂上把欺凌者和被欺凌者分开，但这在逻辑上并不总是可行的。（我曾在一些小学校工作过，每个年级只有一个班。）但是，如果不告诉他们发生了什么，他们就无法采取行动，而且学校并不总能得到有关欺凌的完整（甚至任何）细节。学校采取的行动往往不能立竿见影，因为，许多州和地区的法律和政策规定，学校有义务对欺凌情况进行调查，这通常意味着学校不能立即相信受害者告诉他们的一切，也不能立即采取行动。试想一下，如果学校立即开除所有被指控欺凌的学生，将会产生多大的影响。欺凌者可以恐吓潜在的受害者，只需威胁向成年人虚假举报他们，就能确保开除的惩罚帮他们达到目的。

所有这些都使得学校管理人员很可能无法立即制止欺凌

行为，尽管通过与各方交谈、采取行动并对情况进行监控，骚扰行为最终可能会终止。尽管如此，撇开现实不谈，完全可以理解为什么任何家长（或任何受害者）都希望欺凌行为在被举报的当天就能停止。但是，解决学校中的欺凌和网络欺凌问题往往是一个漫长的过程，需要观察情况，在可能的情况下采取行动，通过鼓励朋友来提高受害者的支持和承受能力，并努力维持积极的校园氛围。

这听起来像是坏消息，但并不总是这样。研究人员在对受害者进行调查时发现，对他们帮助最大的不是对欺凌者的即时惩罚或后果，而是即时的支持、建议和倾诉对象。在情感上给予支持可能让人感觉不像"采取行动"，但却是孩子们认为最有帮助的行动，而且可以立即开始。学校工作人员可能知道，他们可能会因为专注于支持受害者而不是集中精力立即惩罚被指控的欺凌者而受到批评。但从长远来看，无法立即解决这种情况可能并不是最重要的。而当家长们了解什么是既有帮助又有可能的，他们就能帮助学校制定出最有效的策略。

应对之道:误解 19　如果学校愿意,完全可以制止欺凌行为 140

一般来说，欺凌不是那种可以立即解决的问题，尽管成年人可以立即采取行动，带来快速的缓解。在某些情况下，欺凌是可以制止的。如果一个孩子在公交车上骚扰他人，把他们重新安排在司机附近，或者让他们立即下车，都可以起到作用。但通常情况下，欺凌行为并不局限于特定的地点或时间，它可能会得到其他学生的支持。这就意味着，专注于一个地方（如校车）或一个人（如头目）并不总是可行或有效的。

面对欺凌，成年人都想采取行动。关注支持、家庭和友谊是帮助孩子成功应对欺凌的最有效方法。仍应尽一切努力制止欺凌行为，但根据我的研究（以及其他人的研究），受害者报告说，其他人在情感上给予的支持最有帮助。这些富有同情心的努力应该得到与制止欺凌行为的努力同等的重视，因为，从实际情况来看，欺凌行为可能无法完全制止。

参考文献

1. Mendez, L. M. R. and Knoff, H. M. (2003). Who gets suspended from school and why: a demographic analysis of schools and disciplinary infractions in a large school district. *Education and Treatment of Children* 26 (1): 30—51.

2. American Psychological Association Zero Tolerance Task Force (2008). Are zero tolerance policies effective in

the schools?　An evidentiary review and recommendations. *American Psychologist* 63 (9)：852—862. https：//doi.org/ 10.1037/0003-066X.63.9.852.

　　3. Ibid.

第 21 章

误解 20　当孩子们握手言和时，
　　　　欺凌就停止了

纪录片《小霸王》（Bully）讲述了一个长期受到骚扰、在社会上极度孤立的男孩的震撼人心的故事。电影中最令人难忘的场景之一是，一个恶霸在管理人员的胁迫下，同意与他的受害者握手言和。受害者很不情愿地答应了，之后又指出恶霸并不是真心的。管理员告诉他："不和他握手，你就和他一样了。"（着重强调后半句）受害者反驳道："但我不会伤害别人。"这一幕之所以令人震惊，并不是因为这位成年管理者没有爱心，她显然已经尽力了，而是因为她似乎完全没有意识到欺凌者和受害者之间的权力失衡，也没有意识到自己

的行为实际上是在责怪受害者。成年人有时可能没有注意

到，一个更强大的欺凌者其实并没有与受害者和解的动机，但受害者却很少没有意识到这一点。不难理解，欺凌者可能只是假装顺从。让人感到困惑的是，在很多情况下，尤其是孩子们打架的时候，握手言和显然是非常合适的。这是和解的一个例子，而且有越来越多的人强调和解措施的价值，认为这是应对某些类型的人际攻击的最佳方式。重新强调努力纠正错误的部分原因是，人们认识到道歉与和解可以起到很好的治疗作用。

有鉴于此，学校可以使用调解技巧来鼓励孩子们道歉与和解。但是，要使调解或和解取得成功，欺凌者必须真心道歉，表达歉意，而受害者也必须能够信任他、相信他。当然，有时双方都是挑衅者，比如打架。在这种情况下，如果两个孩子都希望问题得到解决，调解和道歉就能起到很好的作用。事实上，教孩子们如何调解问题、找到解决方案并为自己造成的伤害道歉，是一种传授和强化非常有价值的生活技能的方式。这一系列社交技能将帮助孩子们保持并巩固他们最宝贵的人际关系，因此，你可能会认为这也是解决欺凌问题的最佳方法。但不幸的是，调解在欺凌情况下似乎并不起作用。在我 2018 年研究的对象中，有近三分之二（63%）的人表示，成年人"让欺凌变得更糟"的最常见方式是强迫欺凌者和受害者进行和解。

我认为，调解和道歉在欺凌情况下往往无效的原因与调解发挥作用之前必须具备的条件有关。最值得注意的是，首先，所有相关方都必须真正希望问题（即欺凌）停止。尽管受害者显然希望这样，但欺凌者通常很满足于在社交中高高在上，通常没有结束欺凌的动机。其次，施暴者（或欺凌者）必须承认他们的行为是错误的、伤害性的，是没有理由或借口的。在我 2018 年对近 600 名青少年的研究中，60%承认欺凌他人的孩子认为，回想起来，他们的行为是有道理的，是可以理解的。这种态度会让任何道歉或调解都徒劳无功。

143

　　最后，要想让道歉与和解奏效，每个人都必须诚实和真诚。虽然我们都习惯于认为孩子们永远不会对我们撒谎，但事实上，儿童和青少年撒谎并不罕见，甚至不一定是出了大问题的征兆。孩子们的谎言可以非常令人信服。虽然成年人通常认为他们可以分辨出谎言，但我们并不像自己想象的那样善于识破谎言。2017 年，一组研究人员梳理了 45 项不同的实验，这些实验都是为了测试"成人可以分辨出孩子是否说谎"这一观点。总体而言，他们发现所研究的 8 000 名成人只有47.5%的时间能看穿孩子的谎言。[1]我们不可能永远都能分辨出孩子是否在撒谎。

　　因此，虽然欺凌后的道歉和握手在理论上似乎是个好主意，欺凌者也可能看起来是在真心实意请求原谅，但实际上，除非每个人都投入其中、实事求是地承认自己的错误行为，否则这种努力就会落空。或者更糟的是，这可能会被理解为一种隐晦的威胁：我可能是在做大人想让我做的事，但你我都知道，当所有人都背对着我时，我会让你为此付出代价。这并不是说，为欺凌而道歉永远不会奏效，但我很少见到成功的案例。

应对之道：误解 20　当孩子们握手言和时，欺凌就停止了

　　虽然调解和道歉对成年人来说听起来不错，但孩子们的戒心是可以理解的。成年人绝不能强迫或要求孩子们去和解，而且他们应该明白，道歉实际上可能意味着对欺凌受害者进行报复的导火索。

　　总的来说，最好的策略是先弄清楚问题是更像打架（力量相当，两个孩子都具有攻击性），还是更像欺凌（力量不对等，一个孩子具有攻击性，另一个成为受害者）。如果情况看起来更像是打架，可能更适合采取道歉与调解的方式。如果情况很像是欺凌，道歉可能就不起作用了。

144

参考文献

1. Gongola, J., Scurich, N., and Quas, J. A. (2017). Detecting deception in children：a meta-analysis. *Law and Human Behavior* 41 (1)：44—54.

第 22 章

误解 21　强迫孩子们彼此友好毫无意义，当大人不在时，他们又会变得刻薄

让我们明确一点：兄弟姐妹之间的竞争以及兄弟姐妹和朋友之间的一些自作聪明都是正常的。有一个家庭笑话，有一次我抱起我最小的孩子并拥抱他，他回头看了看他的哥哥姐姐，然后傻笑着用手指划过喉咙。他的手势说：我赢得了妈妈，如果你想取代我的位置，就会招致她的愤怒。咿呀咿呀咿呀。

同样，我们有理由认为，所有孩子在单独相处时都会使用他们在大人面前绝不会使用的语言。你可能还记得在大人耳边使用禁止使用的脏话时的激动心情。孩子们善于见机行事。他们知道最好不要当着爸爸或老师的面互相骂对方是笨

蛋（或更难听的），或互相威胁。再说一遍，这不是病态，而是孩子的正常表现。事实上，在孩子们的世界里保持一个只有孩子才会活动的角落，让它成为开玩笑和权力角逐的空间，是成长过程中必不可少的。使用禁忌语言是一种相对安全的测试界限和放飞自我的方式。

因此，我们有理由问，让孩子们彼此使用得体的语言，坚持不让他们在汽车后座上用指甲划到对方，有什么意义呢？如果你知道会有一些时间没有大人监督，为什么还要费心制定只有大人在场时才有效的规则呢？如果你知道你的孩子可能会在你走出房间的那一刻开始对骂，你还需要坚持让他们不许骂人么？在不干扰孩子正常成长过程的前提下（你不会，也不能，即使你想做到），有三个很好的理由可以让你在孩子耳边强制他们遵守礼貌。这三个理由都会影响孩子欺负他人或容忍欺负他人的倾向。

第一个理由是向孩子传授你的价值观。父母的规定不仅要全天候执行才有价值，而且作为一种教导孩子的规则，你认为什么是对、什么是错的方式也很有价值。如果你告诉孩子规则规定他们不能打人，那么，你就是在教他们打人是不道德的。很有可能，你已经告诉过孩子不能打人、不能欺骗、不能偷窃、不能撒谎。当你不在他们身边时，他们可能仍然会做这些事情。但他们会知道他们不应该这样做，做一件你知道是错的事情和做一件你认为没有规则的事情的感觉是完全不同的。如果一个孩子的父母告诉他，在达到法定年龄之前不应该喝酒，将他与一个父母从未提起过这个问题的男孩进行比较。两个男孩都可能在高中聚会上喝酒，但前者会有所保留，可能会限制自己的饮酒量，而后者可能从不会考虑这个问题。作为孩子的父母，你认为什么是对的，什么是错的，都会影响孩子的想法和感受。如果你认为文明、体贴地对待他人是重要的，那么，表达这种理念就是一种重要的养育习惯。与我讨论过这个问题的许多家长都认为，他们可能不需要公开讨论友善、体贴、善良或文明的问题，只要他们树立一个好榜样就可以了。这并没有错，但坦率地（口头上）表明你的观点始终是个好主意——有趣的是，我曾研究过许多孩子，他们并不十分清楚父母对欺凌行为的看法。你要让孩子清楚地知道你的看法。

第二个理由是在好孩子中间恶言恶语和自作聪明也很容易成为一种习惯，因此，制定为他人着想的规则不失为好主意。一位妈妈曾写信给我，她的儿子是如何每天斥责和贬低他的小妹妹的。已经不再是因为吵架或意见不合，仅仅只是一种习惯。他回到家就去找妹妹，把当天的不满都发泄到妹妹身上。很多兄弟姐妹都有骂人的习惯（以更刻薄的方式），这也可能与任何冲突或问题本身无关。对这种行为听之任之会助长这种模式的形成。而为文明用语设定期望值将确保你的孩子至少在某些时候会注意自己的言行。仅这一点

147

就能帮助防止孩子那些蠢蠢欲动的语言变成一种习惯。

实施文明礼貌的第三个理由是，这个问题对兄弟姐妹尤为重要。兄弟姐妹在成长过程中对待彼此的方式会影响他们对彼此关系的情感印象，可能会影响很多年。我这里指的是兄弟姐妹对彼此的总体感觉。他们的哥哥或姐姐是讨厌他们还是喜欢他们？他们在一起玩得开心吗？至少有时是这样？他们在有压力的时候会互相支持吗？偶尔的争吵、口角和辱骂不会对关系造成太大影响，但持续不断的辱骂则会造成伤害。如果兄弟姐妹对彼此的记忆主要集中在负面的、令人讨厌的行为上，他们日后形成牢固关系的可能性就会大大降低。[1]你越是任其自由地让孩子互相贬低彼此，总体而言，对对方有积极感觉的可能性就越小。

当然，实际问题是，如果你有两个经常互相谩骂的孩子，该怎么办呢？每隔10分钟就恶语相向，这样的场景让人难以想象。每个父母都会审时度势。但是，大自然母亲已经想出了解决办法。没有哪位家长能承受时时刻刻都要严格执行每一条规则。值得庆幸的是，孩子们会遵守我们的大部分规则，而无需我们主动强迫他们。一旦你的孩子知道文明礼貌的规则，一旦他们知道你会在看到他们违反规则时强制执行这些规则，他们就更有可能遵守规则，而不需要你不断地管教。

而且更重要的是，这些关于家庭成员应如何对待彼此的

148

规则与欺凌行为有很大关系，也与你的孩子卷入其中，尤其是成为欺凌者的概率有很大关系。在我的研究中，当欺凌行为发生在兄弟姐妹之间时，这些兄弟姐妹并不太可能认为与同伴之间的残忍行为是明显错误的。此外，这些孩子认为高中生中大多数人都很卑鄙的可能性几乎要比正常儿童高出四倍。兄弟姐妹之间的欺凌行为实际上可能会恶化孩子的人生观。

因此，让孩子们持续地互相刻薄和辱骂，其后果似乎不仅限于影响家庭内部生活，甚至会超出家庭生活的范畴。如果不对兄弟姐妹之间的持续刻薄行为作出反应，可能会让孩子们觉得，残酷是生活中的常态，最好逆来顺受。如果你的目标是培养一个不欺负人的孩子，那么，让他们意识到自己给别人带来的感受就是一个很好的开始。

149

应对之道：误解 21　强迫孩子们彼此友好毫无意义，当大人不在时，他们又会变得刻薄

不要害怕告诉孩子你认为的对与错，尤其是当涉及他们如何对待他人时。这也不可能是一次性的对话，而是会贯穿每个人生命主线。这可能会让你觉得自己是个怪胎或老古董，但教导孩子如何正确对待兄弟姐妹和同龄人是强化良好行为的最佳方式之一。

同时，不要很现实地期望你的孩子在所有的时间里都

表现得很好，尤其是对待彼此。兄弟姐妹之间时冷时热是很正常的。他们可能会争吵、尖叫，但 15 分钟后，你又会发现他们友好地在一起玩耍。但是，多生一个孩子还是会让你经常有机会强调文明对待同伴的重要性。这种机会你绝对不能浪费。

参考文献

1. Lamb, M. E. and Sutton-Smith, B. (2014). Important variables in adult sibling relationships：a qualitative study. In *Sibling Relationships：Their Nature and Significance Across the Lifespan*. New York：Psychology Press. https：// doi.org/10.4324/9781315802787.

第 23 章
误解 22　只要孩子们能向大人报告，
问题就会迎刃而解

当我们的孩子遇到问题时，我们希望听到他们的声音。你可能会觉得这一点应该在欺凌问题上体现得淋漓尽致。问题在于如何处理这些信息。一方面，大多数家长显然希望了解什么时间孩子受到伤害。但另一方面，当孩子受到欺凌时，许多家长也会感到束手无策，不知道该怎么办或如何应对。此外，大多数成年人都不自觉地意识到，咄咄逼人的干预可能会让事情变得更糟。在我 2018 年对 867 名青少年进行的研究中，近三分之一的欺凌受害者表示，举报会导致欺凌者进行报复，主要是（但不仅限于）在网上进行报复。试图解决欺凌很容易产生意想不到的后果。它可能会导致来自欺凌者或者他的朋友的报复。它可能会使事态升级，尤其是在网上。或者它可能会使本来可以更快解决的事件恶化或延长。

尽管存在这些现实问题，但你可能已经听到过有人在不遗余力地强调报告的重要性。事实上，人们通常很少告诉孩子们关于欺凌的其他信息。除了简单地向成年人报告之外，有时甚至没有探讨其他策略。所有这些都忽略了几个核心事实。首先，尽管成人鼓励孩子们报告，但孩子们强制执行的禁止行为，即向成人报告的禁令是如此强硬和铁板一块，以至于欺凌受害者违反禁令的情况并不常见。其次，有充分的理由质疑告诉大人是否总是最好的策略（尤其是当这是唯一的策略时）。最后，向成年人报告的价值可能并不在于他们所采取的行动，而在于他们所能提供的情感支持。"青年之声项目"（The Youth Voice Project）的研究发现，倾听孩子们的心声、与他们进行沟通、给他们提供建议，是成人对孩子报告欺凌行为最受赞赏的回应。[1]在我 2018 年的研究中，研究结论与其如出一辙。孩子们告诉我们，成人采取的最有帮助的行动是支持性的，而不是以行动为导向的。让被欺凌者和欺凌者进行调解，或让成人请求其他孩子支持被欺凌者等方法均被评为最无用的方法。

同样重要的是要记住，并不是所有的成年人都是一样的。对孩子来说，父母和老师或教育工作者在他们的生活中扮演着截然不同的角色。例如，在我的研究中，孩子们向父母报告的可能性远远高于向学校里成人报告的可能性。这是有道理的。关系很重要，孩子们更愿意与他们的父母交谈，这很正常。

当然，孩子们并不总是愿意与成年人交谈——在遇到社交问题时，在很多情况下，他们可能更愿意与朋友和同龄人交谈。当你受到欺凌时，这也不失为一种不错的策略。在我的研究中，受欺凌或网络欺凌的孩子们表示，同伴对他们的社交问题比成年人更易作出反应。例如，82%的受欺凌者表示，在报告了欺凌事件后，同伴会跟进处理，而 65%的受欺凌者表示，成年人会向他们回访。超过三分之一（35%）的时间里，成年人从未与报告受到欺凌的儿童取得联系。当我问受欺凌者报告是否有帮助时，71%的受欺凌者说向同伴报告是有帮助的，但只有24%的受欺凌者说告诉大人肯定会有帮助。

我不希望这些数据被误解为孩子们与大人交流毫无意义或无用。事实上，向成年人报告往往被认为是有用的，但并不像大多数成年人所设想的那样。成年人通常认为，报告是在欺凌情况下采取行动的第一步；但被欺凌者往往认为，成年人的最佳作用是提供情感支持，而不是作为策略谋划者迅速、明确地阻止欺凌情况的发生。2018 年，当被欺凌者被问及哪些成年人的行为对自己最有帮助时，排在前两位的答案分别是"他们经常与你联系"和"他们与你交谈并给予支持，即使他们无法阻止欺凌行为"。相比之下，只有5%的被欺凌者认为让欺凌者和自己坐下来一起"解决"是有帮助的。分别只有7%和7.3%的被欺凌者认为训斥或惩罚欺凌者最有帮助。

同伴的支持是强大的。在孩子们的社交世界里，这是一种我们绝不能忽视或无视的力量。告诉孩子们他们的同伴怎么看他们并不重要，或者他们不应该在乎别人怎么看他们，这不可能受到欢迎或有所帮助。在学校和网络社区，孩子们最有能力让他们的同伴感到糟糕或美好。在欺凌事件中，同伴的支持可以改变被欺凌者的经历。这并不是说成人的支持没有重要作用。当然，要由成年人来评估是否发生了真正有害、威胁或危险的事情。但是，大人也可以提供情感支持，这一点非常重要，尤其是对于那些在交朋友方面有困难的孩子来说。鼓励孩子们考虑所有策略（包括情感支持），并与所有关心他们的人——朋友、兄弟姐妹、老师和父母交流，这似乎是一个最明智的选择。

应对之道：误解 22　只要孩子们能向大人报告，问题就会迎刃而解　154

本章主要有两点启示。首先，要明白孩子的朋友和同伴在帮助他们应对欺凌和网络欺凌方面起着非常重要的作用。其次，要明白你的角色可能并不总是立即作出策略性反应的那个人。当然，你可以帮助作出反应，但你是情感支持的重要来源，这可能是孩子在困难的社交冲突中真正希望从你那里得到的。

在发生欺凌的情况下，向成年人报告非常重要，但这并不是唯一的策略，也不应该作为解决此类问题的万能和终极策略来推广。我们可以，而且应该鼓励孩子们在受到欺凌时寻求朋友的帮助和关注。其他同伴在欺凌事件中具有很大的影响力，并有可能起到很好的抚慰作用。

但这并不意味着家长不应该鼓励孩子在受到欺凌或网络欺凌时进行举报。鼓励孩子向家人（包括父母）倾诉是一种可以让孩子受益终生的习惯。但成年人应始终牢记提供情感支持的重要性：与被欺凌者交谈并倾听他们的心声。研究策略总是好的，但即使你不知道该做什么或说什么来帮助你的孩子，只要你在孩子身边并给予关心，就能起到很好的作用。

参考文献

1. Davis, S. and Nixon, C. (2010). The youth voice project. Pennsylvania State University. http：//njbullying. org/documents/YVPMarch2010.pdf.

第 24 章

误解 23　制止欺凌的最佳方法是
让旁观者与欺凌者对峙并制止欺凌事件

1989 年的电影《当哈利遇上莎莉》（When Harry Met Sally）中有一个著名的镜头，梅格·瑞恩（Meg Ryan）在熟食店中假装达到高潮。在那场戏中，比利·克里斯托（Billy Crystal）自信满满地说，他确信从来没有女人和他在一起时假装达到高潮。瑞恩指出了一个赤裸裸的事实："所有男人都确信这种事从未发生在自己身上，而大多数女人或多或少都做过这种事，所以，你盘算下吧。"有时候，我们只是不喜欢面对客观事实。我们更愿意认为自己是个例外，或者我们比其他人掌握了更多的信息。当这两种情况似乎都不太可能发生时，人们有时会在面对不愿相信的事实时采取其他策略。

面对让人不舒服的事实，我们可能会拒绝接受数据（"不管统计数据怎样，假装性高潮可能真的很少见"）。或者，我们可能会试图重新定义事实情况，从而决定它不适用于我们（"除非你和伴侣在一起很长时间，否则，假装性高潮可能不会发生"）。我们将事情的真相与我们所希望的真相进行比较的尴尬方式也会延伸到欺凌和我们的孩子身上。一位母亲承认她的儿子是个欺凌者，她向我解释这种行为的理由时指出，受害者有一个令人讨厌的个人习惯。毫无疑问，她认为自己是一个不可能养育出具有攻击性孩子的母亲。为了回避儿子确实在欺凌他人这一令人不安的事实，她把这种情况重新定义为对讨厌的同伴的正当反应。同样，许多家长都自信地对我说，他们的孩子是少数几个会随时随地挺身而出制止欺凌者的人之一。然而，我们知道，能够直面攻击性罪犯的人并不多见。事实上，与攻击性强的人对峙是一种例外，是一件很难（而且并不总是可取的）做到的事情。即使是成年人，在遇到攻击或欺凌时也很难与之对抗。要求孩子们这样做是一个相当高的要求，可能会让孩子们觉得自己在有效解决欺凌问题的能力上很失败。无论如何，大多数孩子都不会去正面对抗。在 2018 年对马萨诸塞州、科罗拉多州和得克萨斯州 867 名青少年进行的一项研究中，我发现只有27% 的受害者表示，有人以帮助他们的方式对抗了他们的欺凌者。当欺凌发生在网络上时，这一比例下降到了 13%。

　　积极、公开地面对欺凌者的异常行为不仅困难重重，而且也不可能有所帮助，反而可能会让被欺凌者的处境变得更糟。"青年之声项目"在其 2013 年的研究中发现，约 75% 的情况下，与欺凌者对峙并不能改善受害者群体的处境，或反而会使其处境更加糟糕。[1] 与欺凌者对峙可能会让他觉得自己受到了公开挑战或羞辱。而这反过来又会促使他们进行报复或继续他们的活动。

　　但是，如果对抗并不是制胜的策略，我们又该对那些有自信心的孩子说些什么呢？如果我们能找到有效且可行的策略，我们就能增强孩子们对自己应对欺凌能力的认识。我和其他人的研究都发现，专注于帮助欺凌对象，而不是与欺凌者对抗，可以在几个方面起到非常积极的作用。首先，我们鼓励孩子们以更合理的方式采取行动。帮助他人比与他人对抗更容易。此外，我们鼓励孩子们使用一种不需要给予有攻击性的孩子关注的方法（这可能会在无意中强化欺凌者的行为）。对于旁观者来说，帮助别人比把自己置于欺凌者的危险范围内风险更小。最后，专注于帮助（而不是训斥某人）的方法总体而言是一种更加积极和以帮助为导向的干预措施。在这种情况下，受害者才是关键人物，他们应该得到他人的关注和支持。

157

应对之道:误解 23　制止欺凌的最佳方法是让旁观者与欺凌者对峙并制止欺凌事件

坚强和韧性是我们社会所推崇的品质。这对男孩来说尤其如此，对女孩来说也是如此。然而，反击并不总是最明智的策略。说到欺凌，公开对抗似乎是一种冒险的做法。它可能会适得其反。它可能会让善意的旁观者变成另一个欺凌者的受害者。它可能会让欺凌者受到公众的关注（如果不是赞扬的话）。它可能会让受害者的生活变得更糟。更明智的策略可能是鼓励孩子们在有人欺负他们时互相帮助。他们没有必要与有攻击性的人对抗。相反，他们可以帮助受害者逃离，或事后安慰。

而且，没有必要为了提供帮助而成为受害者的好朋友，甚至与他们进行深入交流。我曾经做过一项研究，向被试者展示了这样一个场景:他们被一个欺凌者当众羞辱。一个同伴走过，简单地说:"别理他!"值得注意的是，85%的被试者表示，仅仅是这句支持性的话语就很有帮助。显然，即使仅承认欺凌行为正在发生，并鼓励被欺凌者不予理会，也是有积极意义的，尤其是当这样的话出自其他孩子之口时。

158

参考文献

1. Davis, S. and Nixon, C. (2010). The youth voice project. Pennsylvania State University. http：//njbullying. org/documents/YVPMarch2010.pdf.

第 25 章

误解 24 应对网络欺凌的最佳方法
是让孩子们远离手机和电脑

我自己也有过这种感觉。我走进客厅，看到孩子们都在看屏幕。他们正盯着笔记本电脑或手机。我心想："如果我是个好妈妈，我就会把这些该死的设备统统扔进垃圾桶，让孩子们到外面去玩。"

这种感觉不无道理。现在，孩子们花在屏幕上的时间太多，而花在其他类型互动上的时间太少，这已成为一个常态。如今，美国儿童平均每天花在屏幕上的时间超过 7 个小时，这个数字可能会让所有家长都感到恐惧。[1]现在，我们都听说过过度使用屏幕可能导致的问题：肥胖、睡眠问题、缺乏体育锻炼、社交能力差，甚至抑郁和焦虑。在与频繁使用屏幕有关的心理健康问题中,焦虑症高居榜首。[2]网络欺凌也是其中之一,你的孩子很有可能在与数码产品的接触中丧失自尊心、心理健康或社交地位。

怎么办?当然,我们可以扔掉所有带充电器的东西。但是,如果你的孩子没有自己的设备(如手机),他们会不会在社交方面受到影响?如何告诉孩子他们不能玩朋友们都在玩的网络游戏?现在不是有很多家庭作业都是在网上或电脑上完成的吗?如果他们的运动队或学校活动在社交媒体上发布信息或其他资料怎么办?如果你的孩子喜欢在网上做一些亲社会或有教育意义的事情,比如在平板电脑上看书或加入一个为慈善事业做贡献的社交媒体小组呢?事实上,答案不可能是简单地拔掉插头。然而,持续使用屏幕的危害是不可否认的。那么,我们该如何权衡利弊得失呢?

第一点要认识到,孩子们不是失去理智。当他们告诉你,如果他们不能做朋友们在做的事情(比如在网上玩游戏),他们会感到被冷落时,他们可能真的会感到被冷落。社交活动和聚会确实是在网上进行的,让孩子们至少在某些时候感到自己被接纳是很重要的。话虽如此,但不可否认的是,偶尔感到被冷落也是生活的一部分,你当然不必让孩子们对你的数字设备管理要求横加指责。你的父母可能也没有满足你所有的社交需求。如果你的孩子一般都能和他们的朋友一起上网玩游戏,偶尔说"不"并不会造成什么严重的问题，对他们来说可能是件好事。

第二点要认识到的是，随着孩子们进入青春期，他们往往会更好地理解平衡技术使用和其他活动的重要性。当青少年过了青春期早期，许多人开始意识到持续使用屏幕既不吸引人也不聪明。当然，个体差异很大，但在初中和高中早期，完全沉迷于屏幕的现象似乎在几年后会逐渐减少。在我曾经与大学生们进行的一次专题小组讨论中，很多人都嘲笑那些总是拿着手机的孩子。我听到这样的说法，"他们错过了真实的生活"，"他们无法专注于任何事情或任何人"。

第三点值得注意的是，完全回避技术可能并不是一个好的策略。我们的孩子终其一生都会使用技术和社交媒体：在人际交往中、在工作中、在学校里，以及在计划、旅行、购物等方面。事实上，你自己可能也在为所有这些目的而使用数字技术。你可能是在屏幕上阅读这本书，我当然也是在屏幕上写这本书。因此，练习使用数字通信技术非常重要，因为使用是不可避免的。在如何使用技术方面给孩子一些指导，几乎肯定是比简单地阻碍使用技术更好的方法。

最后，当然，你的直觉是正确的，你的孩子确实需要时间进行传统的社交互动，远离屏幕。他们需要接触各种各样的活动和人。这些经历可以帮助你的孩子发展社交技能，与他人建立有意义的关联，并以其他方式无法替代的形式来关注周边的世界。2017 年，在马萨诸塞州减少攻击中心的一项研究中，我发现 86% 的青少年认为，总体而言，科技并不会让人际关系变得更稳固、更亲密，这可能会让你感到惊讶（或高兴）。远离屏幕，以及由此带来的更牢固的人际关系，可以帮助孩子们在有人试图欺凌或网络欺凌他们时更好地应对。安排没有屏幕的家庭时间，比如共进晚餐、周日在树林里散步或家庭游戏时间（使用传统棋盘游戏）。孩子们一开始可能会抵触，但从长远来看，他们很可能会以另一种方式将这些时间视为乐趣！

应对之道：误解 24　应对网络欺凌的最佳方法是让孩子们远离手机和电脑 162

　　引导孩子使用社交媒体和应用程序，并安排有规律的屏幕休息时间，这也许就是答案。我说的"引导"并不是指一直从孩子背后偷盯着，而是就最近数字技术的使用情况进行对话。你可以问这样的问题："你和你的朋友们最近玩得最多的是什么游戏或用得最多的是什么应用程序？"

　　"我知道这番话让你看起来很聪明！ 但你觉得他读到时会作何感想？"

　　"你认为发布他人照片的规则是什么？怎样才能让你玩得开心，同时又确保不会让别人难堪或受到伤害？"

　　"我曾经有过这样的经历：我发了一条信息，但对方误解了。你遇到过这种情况吗？你是怎么处理的？"

参考文献

1. Welch, A. (2019). Health experts say parents need to drastically cut kids' screen time. CBS News. https：//www.cbsnews.com/news/parents-need-to-drastically-cut-kids-screen-time-devices-american-heart-association/.

2. Jiang, J. (2018). How teens and parents navigate screen time and device distractions. Pew Research Center：Internet & Technology. https：//www. pewresearch. org/internet/2018/08/22/how-teens-and-parents-navigate-screen-time-and-device-distractions.

第 26 章

误解 25　只要不理他们，他们就会放过你。这是对付欺凌者的最佳策略

无视欺凌者是一条常见的建议。事实上，根据我自己的研究，这是孩子们最常从成年人那里得到的建议。但是，如果你见过一个孩子被反复嘲笑、排斥、取笑或贬低时脸上的痛苦表情，你就不难理解要把这个建议铭记于心有多难了。事实上，忽视欺凌者是非常困难的。社会上的残忍行为并不是偶然发生的、令人不快的事件。当你还是个孩子时，在学校里，社交残忍行为也是一种挑战。大人们可能会教导孩子"不要在意其他孩子的想法"。但实际上，青少年有强烈的动机去在意同龄人的想法，因为，在意自己在别人眼中的形象，并以别人对自己的看法为动力，是我们与社会建立联系

189

164 的主要方式。随着年龄的增长，我们学会了从那些我们不太在意的人（例如，陌生人）的评价中筛选出我们真正重视的人（例如，家人）的意见。但是，孩子们还没有很好地学会这一点，因此，无论欺凌者是不是他们的朋友，这个孩子的言行都会对他们造成伤害。

当欺凌行为出现在网络上时，孩子们似乎更难忽视欺凌者了。西莉亚·布朗（Celia Brown）是康涅狄格州的一名研究生，正在研究社交媒体的影响。她指出，青少年（以及更小的孩子）在网上会有一种"假想观众"的强烈感觉。假想观众是指青少年认为其他人都在不断审视自己的感觉。这种他人对自己有多感兴趣的歪曲印象是成长过程中不可或缺的一部分，也是青少年偶尔需要隐私（逃避无处不在的审视）以及对身体上的小瑕疵反应过度的原因。不过，虽然假想观众感对青少年来说很正常，但对所有年龄段的孩子来说，社交媒体的使用可以扩大这种感觉。当用户使用社交媒体时，他们既可以向他人发送信息，也可以发布信息和图片。但布朗指出，社交媒体与现实的一个关键区别是，任何一个用户通常都不知道有多少人浏览了他们发布的内容。而这种缺乏了解的情况往往会夸大许多人对其"假想"受众人数的估计。[1]可能你学校里只有一个孩子看到了那张图片，但是你可能会想象这个数字是 100。不难想象，"很多人"在网上观看的感觉会削弱一个人"无视"数字形式欺凌的能力。

尽管提出对欺凌行为置之不理的建议很容易，但要做到显然并不容易，大人们经常建议孩子们这样做。对于某些类型的欺凌，常识告诉我们漠视不会产生影响。例如，没有明显的方法可以无视身体欺凌。在数字环境中，可能没有人知道受害者是否无视欺凌（尽管他们可能会注意到他是否回应）。此外，即使孩子们可以无视当面发生的心理欺凌，但根据对不同应对措施的效果进行的研究，这种方法通常并不能有效改善后果。几年前，我曾问过孩子们，当他们报告受到欺凌时，大人建议他们采取什么样的策略。绝大多数情况下，成年人倾向于推荐两种策略：无视欺凌者，或者简单地认为欺凌不是问题，因为欺凌者对你没有真正的影响力。斯坦·戴维斯（Stan Davis）和查里斯·尼克松（Charisse Nixon）在"青年之声项目"所做的研究中，并没有将这两种策略评为有效策略。在这项研究中，13 000名儿童被问及预防和应对欺凌的不同方法的有效性，其中，什么都不做或假装欺凌没有打扰到他们，是最有可能导致欺凌继续或欺凌变得更糟的策略。在实际工作中，我注意到几个案例，试图忽视欺凌者的结果是欺凌升级，变得更具威胁性。

然而，尽管存在这些问题，无视欺凌者有时显然是有效的。关键似乎在于使用这一策略的条件。例如，在我的研究中，与年龄较小的儿童相比，青少年在无视欺凌者方面的成功率更高。这可能是因为青少年能够更好地假装漠不关心，

165

而年幼的孩子则更容易暴露自己的情绪，当他们被情绪控制时，可能很难保持中立的表情。但是，如果被欺凌者令人信服地表现出完全无动于衷、毫不在意的样子，可能很快就会摆脱困境。此外，将无视欺凌的建议与社交支持相结合可能会更有帮助。

我做了一个实验来验证这个想法。想象一下，你又回到了小时候，回到了学校，在走廊里，也许在你的储物柜前。有人走了过来：一个卑鄙的人，也许是个恶霸。他开始嘲弄你。他问："你的毛衣哪儿来的？""你瞎眼妈妈给你的，让你穿的？这是我见过的最丑的东西！"（当然，伴随着的是哄堂大笑。）正好有个人从旁边经过。他没有停顿，没有碰你，甚至都不认识你。但当他经过时，他看着你，大声说："别理他，他是个混蛋。"

166　　仅仅是一句鼓励你不要理会欺凌者的话，会让你感觉好些吗？有可能，尤其是当同情你的路人是另一个学生时。在这个实验中，我唯一改变的就是路人的身份。一半时间是一个成年人，一半时间是另一个走过的学生（同龄人）。接下来，我问路人这样说是否有帮助，是否让他们感觉好些。当路人是成年人时，我们研究的青少年中有 29% 说这句话让他们感觉好多了；但当路人是其他青少年时，这一比例飙升至 85%。

这一切听起来似乎有些矛盾。一方面，我在说忽视欺凌者是行不通的；但另一方面，我也在说，在一项实验中，同伴在真心支持孩子们忽视欺凌者的努力是有帮助的。这两种情况都可能是真实的，关键的区别可能在于传递信息的方式。如果有人鼓励你无视欺凌者，但在欺凌过程中他们并不在你身边支持你，这似乎不是一个非常有用的策略。但如果你身处欺凌之中，有人与你进行眼神交流，告诉你欺凌者不值得理会，这就是一种积极的情感支持形式，这种策略似乎对孩子们更有帮助。正如"青年之声项目"所指出的，"我们的学生表示，从同伴和成年人那里获得支持是让事情变得更好的最有帮助的策略"。[2]

　　所有这些都与对不同策略及其帮助欺凌受害者的效果进行比较的研究相一致。在应对欺凌方面，最成功的欺凌受害者倾向于关注他们的社交支持系统，而不是关注欺凌者。在"青年之声项目"2010 年的研究中，据欺凌受害者报告，最成功的策略是与成年人或朋友交谈。在我自己的研究中，我同样发现，欺凌受害者表示，与朋友保持亲密关系（与他们一起玩耍、一起吃午餐、在课间与他们一起散步等）是真正帮助他们感到应对有效的策略。尽管研究一致表明，家人和朋友的支持很有帮助，但你可能会发现自己出于某些原因而抵制这种策略。

　　首先，我们很容易陷入一种思维定势，认为应该改变的是欺凌者，而不是受害者。从理想主义的角度来看，这是完

167

全正确的。但现实却阻碍了我们。唯一能控制自己行为的人就是我们自己。对于欺凌受害者来说是这样，对于这些受害者的父母来说也是这样，对于学校工作人员来说也是这样。即使我们成功地制定了一个计划来改变有欺凌行为的孩子的行为，这也不可能是一个一蹴而就的调整，可以理解的是，被欺凌者盯上的孩子想要快速解脱。另一个实际问题是，大家似乎一致认为社交支持能帮助被欺凌者，但根据我的经验，成年人往往并不关注这些策略。我们通常会考虑对欺凌者采取惩罚性措施，尽管这些措施可能会对欺凌受害者产生严重的反作用。或者，我们会建议一些特别困难的策略，比如对抗或无视欺凌者。但研究清楚地表明，与努力增加情感和社交支持相比，这些方法不太可能让孩子感觉更好、更有承受力、更自在。如果我们向孩子们建议，欺负他们的人不值得他们去关注，最好的策略是提醒自己，他们有爱他们、想和他们在一起的朋友和家人，这些意见才是最重要的，会怎么样呢？

应对之道：误解 25　只要不理他们，他们就会放过你。这是对付欺凌者的最佳策略

帮助孩子增加社交支持显然比建议他们忽视欺凌者更好。我在前面已经指出，在某些情况下，无视欺凌者可能会奏效。但是，在情感上支持孩子总是会有帮助的，而且，

168

这不仅仅是对当前的欺凌有帮助。如果你的孩子有好朋友，这将是他们社交方面的一大财富。不幸的是，交朋友的关键在于社交能力，而如今孩子的社交能力似乎正在下降，这可能是因为我们的孩子花在使用屏幕上的时间太多了（当然也有其他因素在起作用）。[3] 一项有意思的研究发现，孩子远离屏幕不到一周的野营活动，远离手机和电脑五天后他们的社交技能就可大幅增加。[4] 当遇到欺凌的时候（关系到社交关系），人们越来越发现孩子的社交能力是解决问题的关键。有些孩子似乎不费吹灰之力就能掌握社交技能，但对于其他孩子来说，重要的是要记住社交技能是可以教授和学习的。

一些研究人员对学校开展的正规社交技能项目进行了研究，结果表明，这些项目确实有助于孩子们发展社交技能，尽管效果并不显著。[5] 但是，父母和家庭也可以帮助孩子们发展交朋友所需的社交技能，从而保护自己免受最严重的欺凌和网络欺凌。

父母可以通过三大途径帮助青少年感受到更多的支持。第一，父母可以抽出适当的时间让家人在一起并享受乐趣。家庭时间可以是简单的晚餐，也可以是更复杂的，比如定期举办游戏之夜或远足。家庭亲密度与儿童的心理健康密切相关。[6]

家长可以帮助解决问题的第二个途径是培养孩子的社交能力。人类儿童会自然而然地与他人建立关系，但当代儿童在与同龄人建立关系方面比上一代人更加困难。我经常被问及原因，其中有两个显而易见的疑点：一是数字技术和社交媒体给社交发展带来的挑战；二是与上一代相比，儿童参与游戏的时间减少了。确保你的孩子有自由玩耍的时间和机会。鼓励建立友谊，如果你的孩子在学校没有朋友，请与学校工作人员合作，寻找在学校交朋友的机会。此外，还要考虑让你的孩子在校外参加有可能交到朋友的活动。不要害怕寻求专业人士的帮助以帮助你的孩子发展社交技能，因为社交技能对孩子来说非常重要。

第三，请确认学校工作人员不会根据你孩子的个人特点或身份给出建议。在我的研究中，针对少数被欺凌者，最具破坏性的建议之一是：要改变自己的行为以避免被欺凌。例如，孩子们可能会被告知要表现得更传统、以某种方式着装、表现得不那么像另一种性别等。尽管这些建议可能是善意的，但却是一种贬低，可能是典型的羞辱受害者。

参考文献

1. Brown, C. (2013). Are we becoming more socially awkward? An analysis of the relationship between technological communication use and social skills in college students. Connecticut College. https：//digitalcommons. conncoll.edu/psychhp/40/.

2. Davis, S. and Nixon, C. (2010). The youth voice project. Pennsylvania State University. http：//njbullying. org/documents/YVPMarch2010.pdf.

3. Giedd, J. N. (2012). The digital revolution and adolescent brain evolution. *The Journal of Adolescent Health： Official Publication of the Society for Adolescent Medicine* 51 (2)： 101—105. https：//doi.org/10.1016/j. jadohealth.2012.06.002.

4. Uhls, Y. T. Michikyan, M., Morris, J. et al. (2014). Five days at outdoor education camp without screens improves preteen skills with nonverbal emotion cues. *Computers in Human Behavior* 39： 387—392. https：//doi. org/10.1016/j.chb.2014.05.036.

5. Lo, Y., Loe, S. A., and Cartledge, G. (2002). The effects of social skills instruction on the social behaviors of students at risk for emotional or behavioral disorders.

Behavioral Disorders 27 (4)：371—385. https：//doi.org/10.1177/019874290202700409.

6. Thomas, P. A., Liu, H., and Umberson, D. (2017). Family relationships and well-being. *Innovation in Aging* 1 (3). https：//doi.org/10.1093/geroni/igx025.

结论
无论好坏，为什么看起来并不丑陋

对大多数人来说，看牙医并不是什么有趣的事，但它确实能改善你的健康，我们经常去看牙医，因为我们知道这对我们有好处。日常的、轻微的社交残忍行为或不经意的行为也是同样。有些行为令人沮丧，偶尔也会变得危险。不过，虽然社交残忍行为不会像洗牙那样改善我们的健康，但关于它的一些乐观的事实绝对值得牢记。不过，在这里，我还是要先说说我认为儿童之间的社交残忍行为令人沮丧的地方。

让我难以接受的第一件事是，实际上，欺凌是可以改变一个人的思维模式和情感的，至少暂时的。过去曾经是受害者的人更有可能在未来再次成为受害者，他们也更有可能将中性的行为误解为欺凌或虐待。我清楚地记得，有一次，一个小男孩告诉我，他的网球搭档如何通过抛球来欺负他。他确信那个男孩是故意这样做来激怒他的。我问他："会不会是那个男孩的网球打得不好？"他承认，他对那个男孩的网球技术一无所知，但还是说了他的"感觉"。受害者有时会有这种感觉，认为欺凌无处不在，这完全是他们经历的不公平后果。毕竟，他们并没有做错什么，为什么要承受这些负面情绪呢？重要的是要认识到，如果不理解这种倾向，可能会导致成年人对在太多情况下看到欺凌行为的孩子感到沮丧。最好的办法也许是温和地向这些孩子指出，也许可以用另一种方式来看待所发生的事情（"我在想，也许他不是一个很好的网球运动员，也许这就是为什么他不擅长把球打到你的手边"）。

我认为我们许多人难以接受的第二件事是，有时欺凌者会成为受欢迎和成功的人。欺凌者们成为了政治家、首席执行官、医生、律师，甚至是教育家。在高中，他们可以是有魅力的人、运动健将、受欢迎的人。我们都希望生活最终是公平公正的。但并非总是如此。当然，有些欺凌者会发现，他们的虐待行为给他们带来了很多麻烦，或者大大限制了他们的机会。但另一些欺凌者最终会认识到改善待人接物方式的重要性，或者学会更好地掩饰自己的行为。

第三个让人难以接受的事实是，欺凌和社交压力并不总是让我们去责怪某个具体当事人。对人残忍可能真的是偶然的，尽管我很少看到成年人或孩子能够接受这种偶然性。当你受到伤害时，很难不去责怪别人。当然，有人不小心对别人刻薄的情况并不是真正的欺凌，尽管它仍然可能非常伤人。真正的欺凌不是偶然的，而是有意为之，但这并不总是那么容易弄清楚。假设一个孩子发布了一些具有伤害性的消息，但事后却声称他并没有打算把这些内容发到学校的各个角落。我们仍然可以指责这个孩子说"她应该知道"，但如果她没有意识到可能会发生这样的事情，那就是她没有意识到。同样，假设一个男生编造了一个受害者相关的故事，并告诉了另外两个男生。这个故事随后传遍了整个学校，使受害者受到了极大的羞辱。"欺凌者"确实想伤害那个男生的感情，但并不想那么严重！ 在其他情况下，所造成的伤害完全是偶然的，即使它确实是有害的。例如，这种情况的发生可能是由于具有攻击性的孩子不太了解他们在做什么。在网络上（正如我之前指出的），意外伤害更有可能发生。我可以发布一张你的照片，但我并不想让你看到，也不想让其他人传阅，然而这两种情况都有可能发生，最终你可能会受到严重伤害，尽管这并不是我的本意。欺凌可以是一种简单的情况，责任一目了然。但在许多情况下，并非如此。

最后，如果你的孩子曾是欺凌者的目标人物，那么，请记住，欺凌者也是需要我们帮助的孩子，这一点很难牢记，但却很重要。这些孩子以一种非常不正常的方式与成年人和

173

其他孩子接触，但他们是在试图发出信号，表明他们需要关注和干预。无论出于什么原因，他们都不知道如何建立牢固而健康的人际关系。这些孩子需要治疗，甚至需要一些同情。有时，受害者如果能够这样想，对自己也是有帮助的（尽管并不总是如此）。

好了，现在不愉快的东西都讲完了。我想谈谈应保持乐观的几个重要原因。欺凌是一个非常令人不安的话题，也是一种令人不安的情形，但重要的是要记住一些更好的事实。

第一，并非所有孩子都会受到欺凌的严重影响，那些受到影响的孩子可能会发现随着年龄的增长受到的影响会越来越小。在我 2018 年的数据中，20% 的欺凌受害者认为自己完全没有受到欺凌行为的影响；另有 59% 的人表示，随着学年的进展，欺凌行为对他们的影响越来越小。欺凌不是无期徒刑。毫无疑问，朋友能帮助孩子们变得更有韧性。此外，很多时候，当孩子们结交新朋友、开始新活动、转学或上大学时，这种转变也是他们创造新社交生活的机会。如今，互联网也为孩子们提供了一个崭新的社交场所。而对于一些孩子来说，这一点极为重要，也很有帮助。那些在人际交往中找不到社交支持的孩子，比如边缘化的学生，可能会在网上找到一个强大的支持性共同体。

第二，就像所有紧张的经历一样，社交残忍行为有时会帮助孩子们培养对他人的同情心。这当然不是任何人都会选择的自我完善方法，但我有几个学生曾是欺凌行为的受害者，这些孩子之所以参与我中心的预防欺凌工作和研究，正是因为他们想帮助别人，有时直接源于他们自己的生活经历。我并不是说欺凌会改善所有受害者的处境，事实并非如此。不幸的是，它还可能导致受害者变得更具攻击性和行为过激，而不是变得更有同情心和更乐于助人。但在很多情况下，孩子们确实能够接受这种负面经历，并经过较长时间将其转化为积极的一面。

第三个乐观的理由是，正如我之前指出的那样，在欺凌事件中，真正可怕的结果是相对罕见的。这并不是说它们永远不会发生，但绝对不应该被视为不可避免。欺凌通常不会成为任何人生活中的永恒困扰。在帮助、支持、指导和关爱下，受欺凌的孩子可以摆脱这些经历，成长为优秀的成年人。

你在孩子的社交生活中扮演着重要角色。成人可以学习如何更有效地理解、处理和预防欺凌行为。关键的技能是习得的，首先是学会考量卑劣行为的背景。记住，这不仅仅是一个孩子对另一个孩子做了什么，还包括这个孩子所处的社交环境。不要只问："她对你做了什么？"相反，如果孩子想谈论社交问题，应询问事情的进展情况和社交场合。

其次，成年人可以了解并学会识别网关行为。一旦了解了欺凌和打架最有可能呈现的形式，任何成年人都能更好地

175

处理这些问题。

　　最后，也许也是最重要的一点，成年人需要了解情感和社交支持在帮助孩子们发展健康的社会关系方面所起的关键作用。当我们的社交之路变得坎坷时，彼此之间的联系就是我们的缓冲剂。对于任何一个孩子来说，我认为最好的技能莫过于知晓何时是向家人和朋友求助的好时机，以及知晓何时来支持他们。

索 引

（页码为原文中页码）

A

abuse, 虐待, 4, 33, 37

    identity of abuser known, 施虐者的身份, 67, 84

    parental, 父母虐待, 41—42, 106—107

    physical, 身体虐待, 42

    substance, 药物滥用, 26, 39, 91

actions of bullies, assessing importance of, 欺凌者的行为，
评估欺凌的重要性, 51—55

    context, 欺凌背景, 55

    and level of hurt, 伤害程度, 53—54, 59

    seemingly minor acts, 看似轻微的行为, 52—53

    social cruelty and trauma, 社交残忍和创伤, 52, 54

Adams, Mike, 迈克·亚当斯, 51

Adams, William (Judge), 威廉·亚当斯（法官）, 41—
42, 43, 45

B

C

cognitive priming effect, 认知引物效应, 60

college, bullying and cyberbullying at, 大学, 欺凌和网络欺凌, 75—79

Columbine High School shooting (1999), 哥伦拜恩高中枪击案 (1999 年), 22

Communication, 交流

assumptions, commonplace, 假设, 共识, 74

face-to-face versus digital, 面对面与数字交流, 73—74

through technology, 通过技术, 71—74

with young people, about bullying, 与年轻人, 关于欺凌, 2—3

and causes of suicide/homicide, 自杀和杀人的原因, 27—28, 89

cyberbullying, 网络欺凌, 91—92

effective strategies, 有效策略, 102

expectations, setting, 期望, 背景, 120

listening skills, 倾听技术, 108, 152

motives for bullying, 欺凌动机, 98

physical versus psychological bullying, 身体和心理欺凌, 17—18

responses to reporting of bullying incidents, 报告欺凌事件的应对措施, 152

values, transmitting, 价值, 传递, 149

conciliatory measures, 调解措施, 142

confidence-building programs, 建立信任计划, 47—48

confidentiality issues, 保密问题, 126

J

N

O

P

T

W

Y

译后记

华东政法大学的教育法学科一直想翻一套"教育法律经典译丛",团队成员都将其视为一项长期任务在关注。但从所掌握的国外教育法律的图书来看,理论性图书居多,且大多数为法律文本或课程教材的鸿篇巨著,此外就是关注某一狭小领域的国别教育法律,代表性意义不大。如果翻译一本著作,不能让广大普通读者阅读到,不能启迪国内教育法律问题,那就失去了做这件事的本意。我时常在亚马逊平台浏览,偶然看到这本小书,感觉既能反映域外法律的研究现状,又能解决国内教育法律的实际性问题,而且在亚马逊平台还曾是月度销售冠军。我马上和威利出版社取得了联系,得到的消息是该著作的中文版权还在,希望通过出版社联系版权。与上海人民出版社的夏红梅编辑一拍即合,很快完成了相关准备工作。

"欺凌"是个历久弥新的课题,在中国知网做计量可视化分析发现,从 1988 年至今,国内正式刊物发表的"欺凌"相关文献有 6 743 篇，在 2019 年，对此话题的研究达到顶峰，当年共发表学术论文 998 篇，此后，研究热度居高不下，每年发表学术论文 600 篇左右，研究阵地主要在高等院校，研究重点主要集中在中小学生的校园欺凌领域。正如伊丽莎白·K.英格兰德博士在本书中所述，在数字技术高速发展的今天，为人父母并不容易，我们面临着像欺凌这样的新形态的老问题，也遭遇网络欺凌这样的新问题。我们积累了一定的经验，有时候又感觉到束手无策，努力减少欺凌的道路上，好像是前进了两步，又后退了一步。这本书的目的就是要告诉大家，怎么可以不再后退一步。这简单的一步并不简单，因为后退的一步不但不会带来好的结果，反而会干扰我们减少欺凌和网络欺凌的诸多努力。

我对于"欺凌"了解得并不多，曾参与华东政法大学何树彬副教授的国家课题《学校生态系统框架下校园欺凌的有效治理研究》的开题和研究工作，浅尝辄止。听说 2024 年热映的电影《第二十条》里有欺凌的场景，并涉及案件处理，我忙里偷闲去看了下。电影中，张科在厕所内对同学拳打脚踢，韩雨辰勇敢地站出来制止，反而让自己陷入了困境，遭到了报复。按照惯常的思维，我马上查阅了我们国家的相关法律，欺凌者需承担什么法律责任呢？首先，可能承担民事责任。欺凌者如果是无民事行为能力人，由其监护人承担侵权责任。监护人可以通过尽到监护职责来减轻其责任。对于有财产的未成年人，需要使用自己的财产来支付赔偿费用。其次，有可能承担行政责任。如果欺凌者不满 12 周岁，不予处罚，但监护人应被责令加强对其的管教。如果欺凌者年龄在 14 周岁以上且尚不构成刑事犯罪，通常根据《治安管理处罚法》的规定对其进行行政处罚。最后，在欺凌情节严重的情况下，欺凌者可能需要承担刑事责任。已满 12 周岁不满 14 周岁的人，如果犯罪情节特别恶劣，例如故意杀人、故意伤害致人重伤造成严重残疾，情节恶劣，经最高人民检察院核准追诉，也应负刑事责任；已满 14 周岁不满 16 周岁的人，犯故意杀人、故意伤害致人重伤或死亡、强奸、抢劫、贩卖毒品、放火、爆炸、投放危险物质等严重罪行，应当负刑事责任；已满 16 周岁的人犯罪，应当负刑事责任。欺凌可能涉及的罪名包括寻衅滋事罪、故意伤害罪、聚众斗殴罪等。当然，对于欺凌者所有的处罚都是"马后炮"，应当借鉴本书的做法，将人身安全永远排在第一位。加强锻炼、强身健体，提升承受力。当受到欺凌时，不要沉默忍受，能抵抗就抵抗，无力反抗时及时寻求家长、老师、亲友帮助。当遇到他人被欺凌，可以根据情况选择劝阻、报警、报告，勇敢揭发欺凌者，为被欺凌者提供实质性帮助。

关于欺凌相关的单词译法

文中频繁地出现 bully、 bulling、 cyberbullying 等相关单词。在翻译中统一采用了"欺凌"的译法。对于这个词争议最大的可能就是"欺凌"和"霸凌"的说法了，从资料查阅得知，两者没有本质的差异，只是提法和习惯的不同。因《中华人民共和国未成年人保护法》等法律文本中采用"欺凌"的说法，故均采用了"欺凌"的译法。与此相关的欺凌者、网络欺凌、被欺凌者、身体欺凌、心理欺凌等，均为此译法的延续。

关于 Myth 的译法

在《朗文新英汉词典》中这个单词有三种意思，（1）神话；（2）神话式人物（或事物）；（3）虚构的故事，荒诞的说法。在本书中，所表达的意思是我们所认为的正确的做法其实并不总是正确，看来只能符合"荒诞的说法"这种解释。而且看字典中的举例"explode the myth of racial superiority 戳穿所谓种族优越的骗人鬼话"，能够对应到这种意思，如何能用个准确、简洁的词来表达，特别是标题中的文字，又是一个难题，我曾尝试"误解""曲解""传说""传统观念""误区"等，一一排除，"误解"指认识与对象的不一致，即行为人对民事行为的内容或其他有关情况产生认识上的错误，意思表示与内心意志不一致；"曲解"为不顾事实，做歪曲错误解释；"传说"是关于某人、某事或某地的一整套传闻；"传统观念"是指依据以往的经验或知识而形成的一种观念，传统观念可以用来形容国家集体乃至个人的观念；"误区"是指由于某种原因而形成的不正确的认识或看法。从简单的字面意思分析，聚焦在"误解"和"误区"上。简单检索发现误解是一个主观性的理解，就是指一个人对这件事情没有完全了解的情况下，主观上对这件事情已经形成了一个理解，主观认为是这样的，但事实上并不是这样的；误区是指较长时间形成的某种错误认识或错误做法。看来还是"误解"比较适合文意。

关于 Resilent 和 Resilience 的翻译

这两个词是看似熟悉，却很难表达清楚的词。在词典中，作为形容词有这么几种意思，"有弹性（或弹力）的、有适应力的、能复原的、可迅速恢复的"；作为名词有"恢复力、弹力、适应力、还原能力、快速恢复的能力等"。文中所表达的场景是，当孩子受到欺凌的时候，迫使他与欺凌者和好、报复，甚至惩罚欺凌者都不是最好的解决办法。一劳永逸的办法是提高孩子的这种能力。类似于"迅速恢复""迅速适应"的能力，但又无法用词作为一种能力。我思忖再三，采取了"承受力"的译法。

感谢教育法学科的邹荣老师，没有他的支持，这本书是无法顺利进入翻译环节的。感谢教育法学科的各位同仁，在大家热火朝天地研究教育法典的关键阶段，还在关注和支持我去"心有旁骛"。感谢我的一双儿女，他们实时关注我的翻译进度，当我翻译完新的一章的时候，他们会为我欢喜雀跃；当原稿在我手里翻得封面破损的时候，妹妹会及时提醒我修补。在我们赴湛江度假的卧铺火车上，哥哥安静地在读《白夜行》，妹妹在读《故事会》，我在静静地翻译我的书稿，四周安静祥和，一片和谐景象。愿天下所有孩子的世界没有欺凌，一片祥和。

刘常庆

2024 年 3 月 8 日

图书在版编目(CIP)数据

关于欺凌和网络欺凌的 25 个误解 / (美) 伊丽莎白·
K. 英格兰德 (Elizabeth K. Englander) 著 ; 刘常庆译.
上海 ： 上海人民出版社，2024. -- (教育法律经典译丛).
ISBN 978-7-208-19019-1

Ⅰ. C912. 68 ；G78

中国国家版本馆 CIP 数据核字第 202418DA66 号

责任编辑 伍安洁
封面设计 苗庆东

教育法律经典译丛
关于欺凌和网络欺凌的 25 个误解
[美]伊丽莎白·K. 英格兰德 著
刘常庆 译

出　　版　上海人民出版社
　　　　　（201101　上海市闵行区号景路 159 弄 C 座）
发　　行　上海人民出版社发行中心
印　　刷　上海商务联西印刷有限公司
开　　本　635×965　1/16
印　　张　16
插　　页　2
字　　数　142,000
版　　次　2024 年 7 月第 1 版
印　　次　2024 年 7 月第 1 次印刷
ISBN 978 - 7 - 208 - 19019 - 1/G·2195
定　　价　68.00 元